メジャーリーグvs.日本野球

スウィング理論の冒険

大村皓一

講談社現代新書

はじめに

私は野球は「最高」のスポーツだと思っています。

プロの豪快なホームランに酔いしれ、華麗な守備や、渾身の力をこめたピッチングで三振の山を築く投手に感嘆の声をあげる……。また自分でチームを作って日曜日ごとに試合にあけくれるもよし、ちょっと子どもと公園でキャッチボールをするのもよし、テレビでビールと枝豆を片手に観戦するのもよし……。野球というのは、場所と時間を選ばず、じつにいろいろな楽しみ方ができるものです。

野球が、その祖国アメリカから日本にやってきて、約一世紀が経とうとしています。その間に日本ではプロ野球球団ができ、たくさんの名選手を輩出しました。野球殿堂入りするような名選手たちは、その一挙手一投足がマスコミから注目され、野球少年、ひいては日本全国の子どもたちのあこがれと尊敬の対象となってきました。大人たちにとってもプロ野球の監督という職業は、「オーケストラの指揮者」「連合艦隊の長官」とならんで、俗に死ぬまでに一度でいいからやってみたい職業と言われるほどです。

ご承知のように、イチロー、新庄剛志両選手がアメリカのメジャーリーグで大活躍しています。またメジャーは野球の世界的人気を背景に、公式試合をアメリカ国内だけでなく、世界各地で開催していく予定です。野球のワールドカップを開催しようという動きも出てきています。

ただ、これほどまでに素晴らしい野球というスポーツも、実はこれまで「科学」の視点から語られることはほとんどありませんでした。

「ウサギ跳びをしろ」「素振りを千回しろ」というような根性論を基礎にした指導法が少年野球でまかり通っている一方、プロの解説者たちが「野球センスがない」「野球はスピードとパワーだ」というような根拠にとぼしい言葉を、語り続けてきたことも事実です。

十数年前、私は大阪大学で工学部の助教授を務めながら、劇場版『ゴルゴ13』のオープニングシーンをはじめ、いくつかの場面をコンピュータ・グラフィックス（CG）で制作しました。これは日本初のことで、以来コンピュータのハード・ソフト両方の開発に携わってきました。

そして、このようなCGアニメーションの世界に携わる中で、いつしか「人間が本来もつ、身体の動きの美しさをCGでスムーズに表したい」という願望を持つようになっていました。

そこで八年前、財団法人イメージ情報研究所に大村グループという研究チームを作り、私の一番好きだったスポーツ、野球を素材に、人間の身体の動きの工学的研究を試み始めました。

このプロジェクトは、多方面から異色の研究者を集め、侃々諤々の議論を繰り返し、野球とは何か、人間の動きとは何か——を突き詰めてきました。作業は驚きと発見の連続でした。神

（自然）が何億年もの進化の末たどり着いた、ホモ・サピエンスという生物の構造の不思議さを改めて認識させられました。

しかし、いつ終わるともしれぬ、膨大な解析作業の中、突き詰めていけばいくほどわからないことが多くなります。たとえば、投手のピッチングフォームを分析していたときのことです。不思議なことに、投手のエネルギーや移動距離をいくら計算しても、速球派といわれるピッチャーが記録する一五〇キロ台の球速には、なかなか到達しないことがわかったのです。

そこで、あらゆるピッチャーのビデオをかき集め、その動きを最新のコンピュータを使い、分析、研究していきましたが、それでもわかりません。この作業に疲れ、ふとぼんやりビデオの逆戻しの映像を見ていたときのことです。なんと、人間の腕がまるで、龍のようにグニャグニャに動きながら、球を投げていることに気がついたのです。腕はまっすぐ振り子のように振っているのではなかったのです。腕が振り子のようにまっすぐに振られているというのは、我々の「思いこみ」であり、実際に見ている映像ではなく、脳が勝手に描いた刷り込みのイメージだったのです。

こうして、ムチのように柔らかくなった腕が、幾重にもしなりながら、短い時間で最大限の加速度を得られる理由が明らかになり、これを契機にピッチングだけでなく、バッティングや守備の秘密までどんどん明らかになっていきました。このときの興奮は生涯忘れないでしょう。

そして工学的にそれを解明することにより、プロ野球選手はもとより、一般の人でもこの本に書いてあることを忠実に実行すれば、原理的には同じ動きを再現できることに成功しました。名前は明らかにできませんが、読者のみなさんが聞いて驚くような一流選手がこの原理を取り入れてくれています。トレーニングに励み、取り入れた瞬間、素晴らしい成果をものにしているのも事実です。

そのような、これまでの私の研究をもとに、本書ではメジャーリーグの一流選手の技術と、日本野球の一流選手の技術は、何がどう違うのか、あるいは共通するのかを解析してみようと思います。秋に行われる日米野球で来日する大リーグの選手たちの、スピードとパワーに驚いた経験は、野球ファンなら誰でもおありでしょう。では、その違いの本質は何なのか。知りたくありませんか。たとえば二〇〇〇年秋に来日したバリー・ボンズのホームランとかランディ・ジョンソンの速球は、まず日本では見られないものです。その根本を、私の研究の成果ではっきりさせたいと思います。イチローや新庄の活躍の理由もおのずから見えてくるはずです。

本論に入る前に、本書の構成について簡単に述べておきます。第一章では、イチローと新庄の活躍の秘密を、私たちが発見した原理に照らし合わせて考えていきたいと思います。なぜ日本人はアメリカ人に勝てないのか、それは単に「パワーの差」なのか。もし「パワーの差」とすれば、それは一体何なのか。ではイチロー、新庄はなぜ通用するのか。単にパワーとスピードの差という言葉を結論とするのでは、学者としては思考停止状態に陥っているのと変わりありません。

そして、第二章では、あらゆるスウィング系のスポーツに共通する原理をテニスのサーブを中心に解説しながら、その秘密に迫っていきたいと考えています。野球の投手、打者、テニス、ゴルフ、剣道……何でもいいのです。腕やモノを振り動かすスポーツなら、私たちの発見した原理は何にでも通用するのです。向かうところ敵なし、といった感じです。

第三章では少々専門的ですが、骨の動き、筋肉の動きを生理学的、医学的、人間工学的に検証しながら、日本球界を代表する投手、西武ライオンズ松坂大輔と、アメリカ球界を代表する投手ランディ・ジョンソンの二人を素材に、なぜ彼らがあれだけのスピードボールを投げられるのか、その秘密に迫ってみたいと考えています。この章ではみなさん方にも実際に、身体を動かして彼らのすごさを実感してもらいたいと思っていますので、準備運動、ストレッチも忘れずに行ってください。第四章では、バリー・ボンズと、読売ジャイアンツの松井秀喜という日米を代表するスラッガーを比較します。

また本書の内容をしっかりと確認していただきたいと思い、いわゆるパラパラ漫画の手法によるアニメーションを右ページの端につけてあります。本書を読んでいて、わからなくなったら、このパラパラをいつでもめくってください。私がＣＧ処理して制作したものです。腕なら腕、腰なら腰で、本書の解説と合わせて読むと、必ず理解できるように作ってあります。またこのアニメーションは本書を読む前と読んだ後では、まったく違った印象を与えることでしょう。

この本は八年間にわたる、大村研究グループの成果をうまく凝縮してみなさんにわかりやすくお伝えし、野球に取り組む、またスポーツに取り組む方々の意識改革を目標にして一生懸命書きました。

この本を読み終えたとき、読者のみなさんは野球に対する価値観、また人間の身体の動きに対する考え方を改めざるを得ないでしょう。そしてみなさんが、人間の身体の新たな可能性に目覚めることにより、日本に素晴らしいスポーツ文化を築いてくれることを著者として切に望んでいます。

目次

第三章 松坂大輔VS.R・ジョンソン——ピッチング分析

パラパラ・アニメの見方

上から、イチロー、松坂大輔、ランディ・ジョンソン、松井秀喜、バリー・ボンズ。

巻末から「目次」に向かって、右手でパラパラめくっていくと、五人のフォームが再現されます。

第一章　イチロー&新庄、大活躍の秘密

イチロー

新庄剛志

メジャーリーグは「俊足強肩」

新庄選手とイチロー選手がメジャーリーグで大活躍しています。これまでピッチャーは野茂英雄選手をはじめとして、多数の日本人の投手がメジャーリーグで活躍していますから、あまり驚くことはなくなりましたが、新庄選手もイチロー選手も野手としてはじめての日本人メジャーリーガーなので、その活躍が注目されてきました。イチロー選手の場合は、ある程度の活躍は予想されていましたが、それでも三割をこえる打率を残すのは難しいだろうというのが大方の予想でした。フタを開けてみれば、なんと三割五分台前後の打率で大活躍です。新庄選手にいたっては、とても無理との声が高く、活躍は予想もされていませんでした。それがなんと、チャンスに強い特徴を遺憾なく発揮して注目を集めています。

メジャーリーグを見ていてだれでも気がつくのは、日本とアメリカの野球のスタイルが違うということです。大リーグ中継や日米野球などで、解説者の方々が様々な観点からその違いに

ついて意見を述べています。なかでも、私はスポーツジャーナリストの二宮清純さんの解説にあった日米のフォーメイションの違いについては、なるほどと納得させられました。

それは、外野手が、アメリカの場合は日本に比べて、一〇メートルほど前へ詰めて守っているということです。そのために、内野手のラインと外野手のラインの間がぐっと狭まっていて、内野の頭上を越えて外野手の前に落ちる打球がヒットになりにくいのです。

そのかわり、外野手の頭上を越えていくような大きな飛球が長打になりやすくなります。これを阻止するのが「俊足強肩」の外野手というわけです。三人の外野手の中に一人でも鈍足あるいは弱肩の選手がいればこのフォーメイションが成り立たないわけですから、メジャーリーグでこのフォーメイションが日常化しているということは、メジャーリーグの外野手になるための必要不可欠の条件は「俊足強肩」ということになります。

長打になる打球を瞬時に見定めて、背走につぐ背走で捕球、振り向きざま矢のような送球、間一髪走者を刺す、といったクロスプレーの醍醐味を演出できるのも俊足強肩あってのことなのです。イチロー、新庄両選手は、俊足、好守備、強肩の野手としては、日本屈指の選手です。したがって、守備や走塁の面での活躍は十分予想できることでしたし、実際の結果もそれを裏付けています。

動体視力

それはさておき、新庄選手については、大方の予想が大はずれで、なによりでした。しかし、野球の技術を解説する立場としては、ここはひとつ、新庄選手、イチロー選手の大活躍の秘密になんとかして迫らねば申し訳がたたないところです。第一章では、私なりにこの秘密に迫ってみようと思います。

さて、新庄選手とイチロー選手に共通する点のひとつは、どちらも好守備というところです。メジャーリーグのアナウンサーが「レーザービームのようだ」と叫んだイチローの好返球——このような守備を可能にするための条件とは一体なんなのでしょうか。

俊足でなければならないのは当然であり、両選手ともにこの条件はクリアしています。そのほかにどうしても必要なのはなんでしょう。それは、フライに対するボールの落下地点、落下時刻の予測です。ジャストのタイミングでジャストの場所にグラブがなければキャッチできません。打球を見ながらこの予測を行うことが好守備の秘訣です。フラフラと上がった飛球なら

ともかく、鋭いライナーならば、その打球の速度は一五〇キロ以上になります。それを見ながらキャッチする瞬間の正確な場所と時刻を予測しなければなりません。何かに似ていませんか。

そうです。バッティングでボールを見ながらヒッティングポイントの場所と時刻を予測すること、これといっしょです。このために必要な能力は「動体視力」です。新庄選手もイチロー選手も、この「動体視力」が人並みはずれてすぐれているからこそ、あの好守備があるのです。

さらに、この優れた「動体視力」の能力は、そのまま、すぐれたバッティングの能力につながります。ピッチャーが投げたボールを見ながら、正確なヒッティングポイントを空間的、時間的に予測する、この能力があれば、とりあえずバットにボールをあてることは両選手にとってそう難しいことではないでしょう。

これは、新庄選手がファールにファールを重ねた挙句、ヒットするといったシーンに如実にあらわれています。また、イチロー選手の三振の驚異的な少なさにもあらわれているのです。

「ボールが止まって見える」の謎

最近では、「動体視力」に対する関心が高まって、時々テレビ番組でも見られるようになりました。たとえば、新幹線の車両のなかに立った人が、文字を書いた大きな白板を窓の外から見えるように掲げておき、駅のホームに立った人が、高速で通り過ぎる新幹線の窓越しにその文

字が見えるかどうかテストするといった番組がありました。

しかし、このようなテストで調べることができるのは、動いているものが止まって見えるかどうかです。写真ならば、シャッターを高速で切ればいいわけで、この能力が人間にあるかどうかを調べているわけです。ただ、この能力がどのようにバッティングに関係があるのかを考えるとはっきりしないのです。動いているものが止まって見えるなら、あたかもスローモーションのように見えるに違いないというふうに、少々短絡的に考えているのではないでしょうか。ボールがスローモーションで見えるといった話は聞いたことがありませんし、そのような実験結果も見当たりませんから、これは少々眉唾ものの話になります。

ボールが止まって見えたという話はよく名選手が語るところです。これは、本当のことでしょう。ただ、この場合も、止まって見えるから打てたという話にはつながっていないようです。絶好調のときには、ヒットする寸前にボールが止まって見えたということであって、ボールが止まって見えたからそれを狙って打ったということではないようです。

このタイプの「動体視力」は実験してみることができます。電車の窓から外を見ていると、線路脇の電柱が目の前を通り過ぎていきます。電車のスピードが遅ければ、電柱を目で追いかければ、電柱は止まって見えます。しかし、スピードが上がってくれれば、目が追いつかなくなって、ぼやけてしまいます。

でも、このとき、電柱を連続的に目で追いかけるのをやめて、遠くから迫ってくる電柱が目の前に来そうなころを見計らって、顔と目を電柱に先行して予想位置あたりに振ってやれば、目の前を通り過ぎる電柱が一瞬止まって見えるのを実験できます。この状態が名選手が語るところの「ボールが止まって見える」の正体ではないかと私は思っています。

ここで重要なのは、止まって見えることではなくて、電柱が目の前を通り過ぎる時点を予測することであります。この予測が正確にできれば、それにしたがって、予測位置と予測時刻に合わせて、目を先行させて振ることができ、その視野に入ってくる電柱が止まって見えるようになります。

したがって、名選手は、ボールがヒッティングポイントに入ってくる位置と時刻を正確に予測できて、その予測に基づいてバットを先行させて振ってやることで、ヒットしていたことになります。さらに、そのヒッティングポイントに顔と目を先に振ってやることで、視野に入ってくるボールが止まって見えたのでしょう。

オプティカルフロー

さて、このような予測能力こそが「動体視力」の正体だと思われます。人間はどのようにしてこの予測をやってのけるのでしょうか。これについては、基礎的な実験や考察が脳神経科学の分野で進みつつあります。この成果がスポーツに適用可能になるのはそうとう未来のことでしょうが、定性的な議論ならば現在でも行うことができます。

まず、目の構造から考えましょう(図参照)。眼球はレンズと網膜からできています。網膜は、写真機でいえば、フィルムに相当します。レンズから入った光は網膜の上に像をむすびます。網膜には視覚細胞がぎっしり並んでいて、それぞれの細胞が光の強弱に反応します。この視覚細胞からの光の信号は神経細胞(ニューロン)の束を通って大脳に伝えられます。この大脳におけるニューロンのネットワークがさきほど述べた予測をやってのけるのです。そして、この予測に基づいて、体をどのように動かすかが決定され、その指令が脊髄を経由し、運動神経を経由

オプティカルフロー

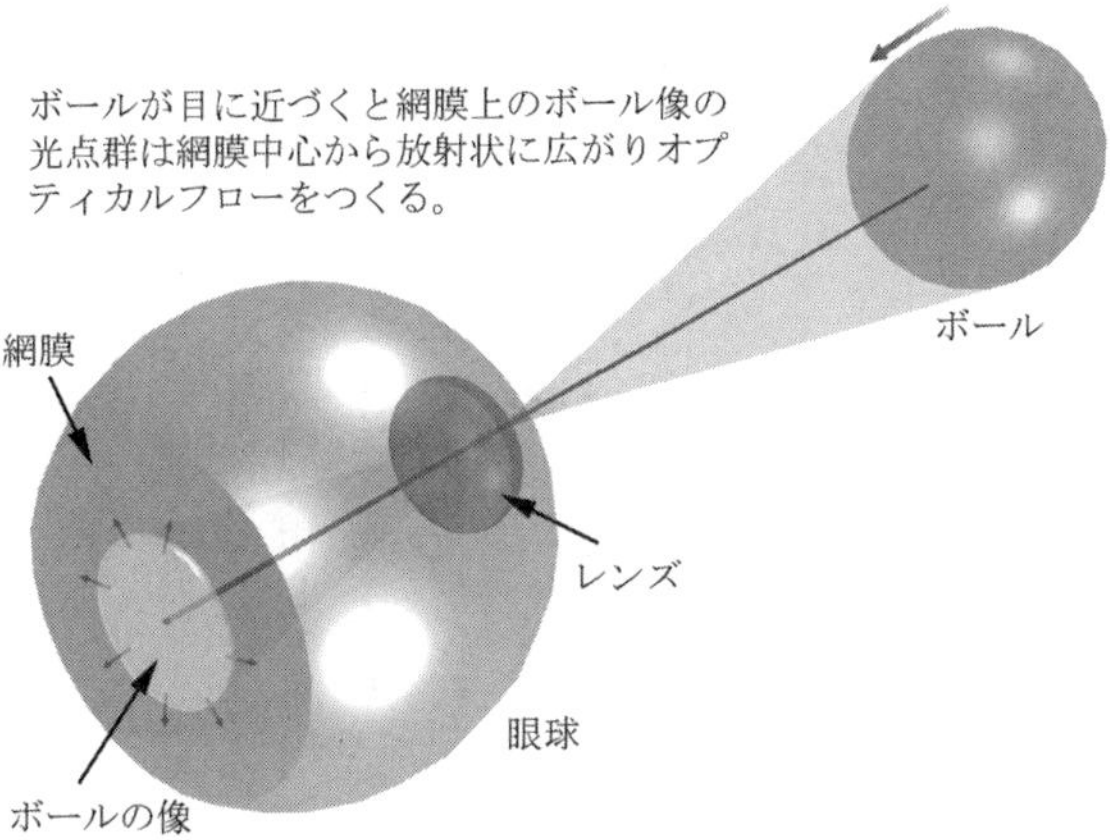
ボールが目に近づくと網膜上のボール像の光点群は網膜中心から放射状に広がりオプティカルフローをつくる。
ボール
網膜
レンズ
眼球
ボールの像

網膜上の光像の動きは光の軌跡＝オプティカルフローをつくる

して、筋肉群に伝えられるのです。

写真機ならば、動いている対象をフィルム上に止めて写すために、シャッターがありますが、目にはそんな便利なものはついていません。写真機にたとえれば、シャッターを開けっ放しの状態です。眼球も頭も静止させれば、網膜上の像は静止しますから、写真のように見えるでしょうが、普通、目も頭も動いています。このとき、人間はなにを見ているのでしょうか。

像は光の点の集まりです。ボールならば白い点の集まりです。この光点は、物体や目や頭が動けば、網膜上を動きます。この光点の動きは網膜上では、光の軌跡となるでしょう。この軌跡を「オプティカルフロー」と呼んでいます。もし、まっすぐ前を見据えたまま、体が前進すれば、中央の光点は動きませんが、そのほかの

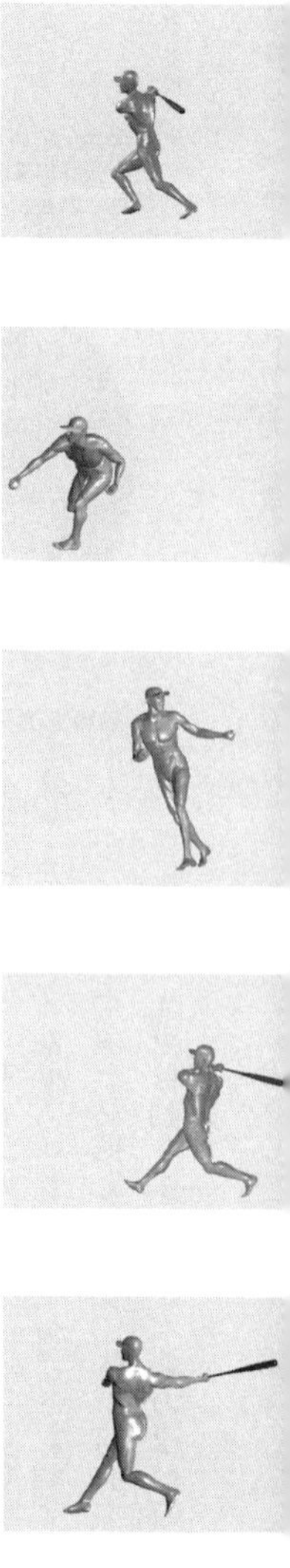

光点は中心から放射状に、中心から離れる方向に移動することになるでしょう。
体が前進するかわりに、物体が近づいてきても同じです。ピッチャーから投げられたボールの網膜上の像は、ボールが近づくにつれ大きくなります。これは、ボールの像を構成する光点がボールの中心から放射状に外向きに移動するからです。
さて、さきほど述べた大脳のニューロンネットワークのなかには、このオプティカルフローの特定の方向だけに反応したり、オプティカルフローの光点の特定の速度に反応したりするニューロンが存在し、光点のそれぞれがどの方向にどのくらいの速度で動きつつあるか瞬時に計算可能なのです。
ボールがリリースされてちょっとの間見ていれば、イチロー、新庄クラスの選手になると、いつ目の前にくるかという時間が簡単に計算できることになります。本人は計算したという意識はないでしょうが、大脳のなかではこの計算が行われているのです。これが、タイミング予測の正体です。みなさん方でも、なにか物を投げつけられると、パッとよけることができます。よけるためには、いつ衝突するかが予測できなければなりません。したがって、日常的にこのような計算が大脳では行われていることになります。新庄選手やイチロー選手はこの計算能力がとくにすぐれているのでしょう。

このようにして、バッターは、ボールを見ながらいつヒッティングポイントにくるかを正確に予測し、その予測に基づいて、先行してバットを振り始めることができるのです。「動体視力」といわれるものの正体は、このような大脳の計算能力と深い関係にあると考えられます。といっても、このような能力は本来は誰でも持っているものなのです。ただ、その能力をどのようにしたら磨き上げられるかがわからないだけです。でも、そんな能力があるということがわかっていれば、近い未来に動体視力を鍛えるトレーニング方法もきっと見つかることでしょう。

マルティプル・インテリジェンスとは何か

みなさんは、IQテストをご存知でしょうか。日本語では、知能指数テストです。一時、このテストが大流行しました。会社の入社試験や、学校の入学試験などに取り入れられたことがあります。ちょっと、お年を召した方なら、このテストを受けさせられた記憶がおありでしょう。

IQのIは、インテリジェンスの頭文字のIを意味しています。テストを受けて、IQが低

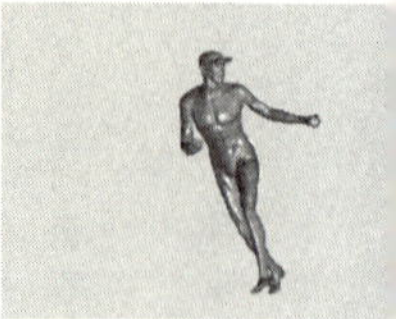

いと、すごく劣等感におそわれたものです。ＩＱが低いのは知能が低い、頭が悪い、と決めつけられて、「そんなアホな、こんなテストで人間の価値が測れるもんか」と心の中では思っていても、昔は口にだしてはいえないような雰囲気がありました。さすがに、今日ではこういうことは行われていません。人間のさまざまな能力を、ＩＱテストの結果のような一つの数値だけで表わせないのは、当たり前のことなのです。ＩＱテストで人間の能力を測れるとした学者は、よっぽど思い上がりのはなはだしい人だったのでしょう。大阪弁でいわせていただければ、ちょっと柄が悪いですが「頭デッカチ人間がなに言うとんねん」というところでしょうか。

ＩＱは、学校の試験の成績、とくに理工系の学科の成績とは、相関が高いのです。したがって、ＩＱは、論理的、合理的なものの考え方の能力を測るものとしては、ある程度の意味があります。ある程度といいましたのは、試験の成績とは相関が高くても、創造的な思考能力と相関が高いかといえば、そうでもないからです。

まあ、学校時代に体育系のクラブに属するスポーツマンは、概して授業とか勉強がきらいで、

したがって、成績も悪い、といったことが影響しているのかもしれません。感性豊かといえば、代表格は、巨人軍の長嶋茂雄監督です。「ピュッときたボールをダッと打て」というような感覚的表現は、長嶋監督の得意とするところで、論理的には説明になっていませんが、これがなんとなく通じてしまうところが面白いのです。

さて、この節の表題の「マルティプル・インテリジェンス」ですが、これは、ハーバード大学のハワード・ガードナー教授が言いだしたことであります。ガードナー教授は、人間は、IQで代表されるような狭い意味のインテリジェンスだけではなく、さまざまな方向のインテリジェンスを持っているのだということを示し、これを「マルティプル・インテリジェンス」と名付けました。

たとえば、前の節で述べた「動体視力」も、動体を認識して将来を予測する能力であって、これは、動体認識インテリジェンスとでもいうべきものです。私が専門とするCG（コンピュータ・グラフィクス）の世界では、空間の三次元構造を把握する能力が必要ですが、これは、空間認識インテリジェンスと呼べばいいわけです。IQで代表されるインテリジェンスは、この伝でいけば、論理的インテリジェンスとでもいえばいいでしょう。

新庄は「頭がいい」

さて、ちょっと長くなってしまいましたが、この節で私が言いたいのは、新庄選手は実に頭がいいのだということであります。新庄選手について、彼は宇宙人だというのが大方の定説となりつつあります。宇宙人というのは、なにを考えているのかわからんといったことからきているのでしょう。

阪神時代から、私は、新庄選手のファンでした。新庄選手の一つの大きな特徴は、オールスターゲームや、日米対抗野球では、普段の試合とうってかわって大活躍することでした。うってかわってというと言い過ぎかもしれませんが、普通の試合でも、敬遠の球をヒットしてゲームを決めるといった具合に、とにかく、華のある選手でありました。これはなぜなのかということを、新庄選手がメジャーリーグ入りを果たし、大方の予想を裏切って、活躍するまで、あまり考えたことがありませんでした。それを考えるきっかけとなったのは、あるテレビ番組で彼の友人が語った高校時代の新庄選手についての思い出話でした。

新庄選手の母校は、西日本短期大学付属高校ですが、たしか、甲子園への予選で大濠高校と対戦したときのことです。三回までに強打を誇る大濠高校にぼこぼこに打たれ大差の得点を許していました。新庄選手はライトの守備についているときに、本来ならば打球に備えるべきなのに、心ここにあらずの風情でなんと素振りの恰好をしながら、なにやら考えているようなのです。その友人は観客席から新庄選手に声をかけました。「新庄頼むぜ」。新庄選手はこれにどう答えたでしょうか。なんと「次の打席でホームランを打つ」と答えたそうです。そして、その言葉どおり、ホームランをかっ飛ばしたのでした。

この話を聞いていて、私が思ったのは、新庄選手はそのとき、何を考え、なぜ素振りの恰好をしたのだろうか——でした。この前提として、味方がぼこぼこに打たれているというのがありますが、彼が考えていたのは「大濠高校の強打者たちが、どのように味方のピッチャーを打ったのか」であったと思います。

そして、相手の強打者たちのバッティングのエッセンスを自分の体で試していたのではないかと思います。そして、こう打つという確信を得た結果が友人への返答だったのではないでしょうか。そして、彼は言ったとおり実行したのです。

ここに、新庄選手の類いまれなインテリジェンスが感じられます。それは、自分が興味をもつ打者のバッティングを見てそのエッセンスを抜きだし、しかもそれを自分の体で模倣する能

力です。これも、一種の動体認識インテリジェンスだろうと思います。あるいは、模倣のインテリジェンスといってもいいかと思います。

子どもは自分の贔屓《ひいき》のアイドル歌手の振りをテレビを見て見事に真似します。べつに鏡を見て確かめているわけでもないのに完璧に真似できる。子どものこの能力には驚かされます。みなさんも、子どもの時代にはその能力があったはずです。でも、学校で論理的インテリジェンスの教育を受けているうちに、その能力が退化してしまったのではないでしょうか。

しかし、この模倣のインテリジェンスはきわめて高度なインテリジェンスです。というのは、真似するためには、相手の「動きの本質」を認識する必要があり、さらに、それに基づいて、自分の体を制御してその動きを実現しなければならないからです。このプロセスがどのように行われるかを、論理的、生理学的、運動学的に解き明かすことは、現在の知識レベルでは、ほとんど不可能といっていいでしょう。いわんや、その方向のインテリジェンスを高めるための方法を開発することは、まったくできないでしょう。

新庄選手は、大方の人が成長過程で失ってしまうこのインテリジェンスを、失うことなく持ち続け、そのインテリジェンスを自分自身で高めていった、稀有の例ではないでしょうか。だから、彼は、セ・パ両リーグの強打者、好打者たちが集うオールスターゲームや、メジャーリーグ屈指の打者たちが打撃を披露する日米野球などでは、水を得た魚のように、目を皿のように見開いて、動きを吸収し、実践してきたのではないかと思います。

メジャー入りを果たした新庄選手にとって、日常的にメジャーリーガーのプレーが見られる環境は、宝の山なのでしょう。話に聞いたことしかない強打者のバッティングを目の前で見られるというのは、新庄選手にとって、楽しくて仕方がないでしょう。まるで、砂漠が水を吸い込むように、メジャーリーガーの動きのエッセンスを吸収し、それを自分にあったスタイルに変えて実践する新庄選手の、きらきら輝く眸《ひとみ》と笑顔が、目に浮かぶようです。つまり、彼が大リーグで大方の予想を裏切る活躍ができるのは、マルティプル・インテリジェンス能力が人並みはずれて高いからなのです。

驚異的なイチローのヘッドスピード

確固とした自分のバッティングスタイルを持っていて、それを修正はしても、本質的に変えることはない、という点でイチロー選手は新庄選手と異なっています。イチロー選手のバッテイングスタイルを、新聞紙上などでは、「振り子打法」と呼んでいます。この名前は誰が付けたのでしょうか。科学的に調べると、このネーミングはイチロー選手の打法とは似ても似つかない名前です。

振り子という名前から連想されるのは、時計の振り子のように、ブーンと振り回す、といったイメージですが、そこには、すごい速さのヘッドスピードといったイメージは皆無です。しかし、実際に、分解写真から測ってみますと、イチロー選手のバットヘッドのスピードは、松井秀喜選手がホームランを打ったときのヘッドスピードを凌駕するのです。ひょっとすると、日本の球界で一番ヘッドスピードが速かったのかもしれません。

このヘッドスピードの速さは、ボールをぎりぎりまで引きつけて打つことを可能にしています。とくに、一番深くコックした状態から伸展しはじめるところのヘッドスピードの速さは尋常のものではありません。ほとんど、テレビのコマ数でたった一コマくらいで一気に伸展するのです。時間にして、たった〇・〇三秒くらいですから、驚異的としかいいようがありません。

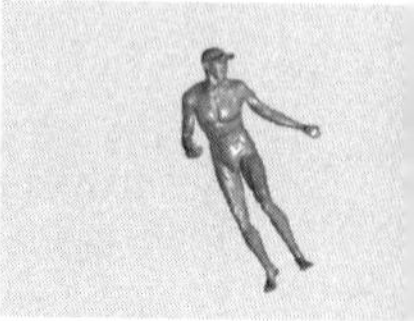
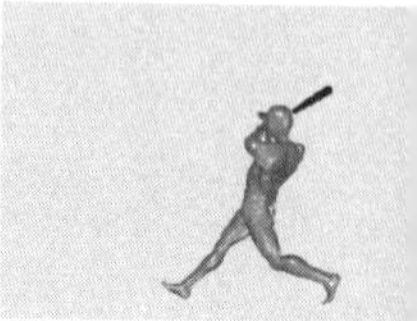

これをイチロー選手は、力を感じさせずにやってのけるので、よくよく観察しなければ気がつかないのです。この速さは、メジャーを代表する強打者バリー・ボンズ（サンフランシスコ・ジャイアンツ）選手のそれにも匹敵しています。

私はイチロー選手がその気になれば、ホームランを連発できるのではないかと思っています。ただ、遠くへボールをかっとばすことに、イチロー選手自身興味がないのでしょう。これは、彼の価値観がどこにあるかという問題であります。どうも、いかなるボールであろうと思ったところへ思ったように打つ、といった強固な意志が感じられます。彼の価値観のありようは、ヤマを張らない姿勢にもあらわれています。イチロー選手のすぐれた「動体視力」と、ヘッドスピードの速さをもってすれば、投げられたボール自体を見定めて素直に対応することができるでしょう。ヤマを張らなければならない理由が、もともと存在しないのです。

イチローの「腕と肩」の上手な使い方

さて、このイチロー選手のバッティングを分析してみましょう。

もっとも際立っているのは、彼の肩甲骨回りの筋肉群の柔らかさです。イチロー選手は俊足ですが、走る姿勢を見ていて気がつくのは、腕の振りです。ひじがまっすぐ後ろの高い位置まで振られるのです。ひじをしっかり後ろへ引き上げながら腕を振るのは、一流のランナーの特

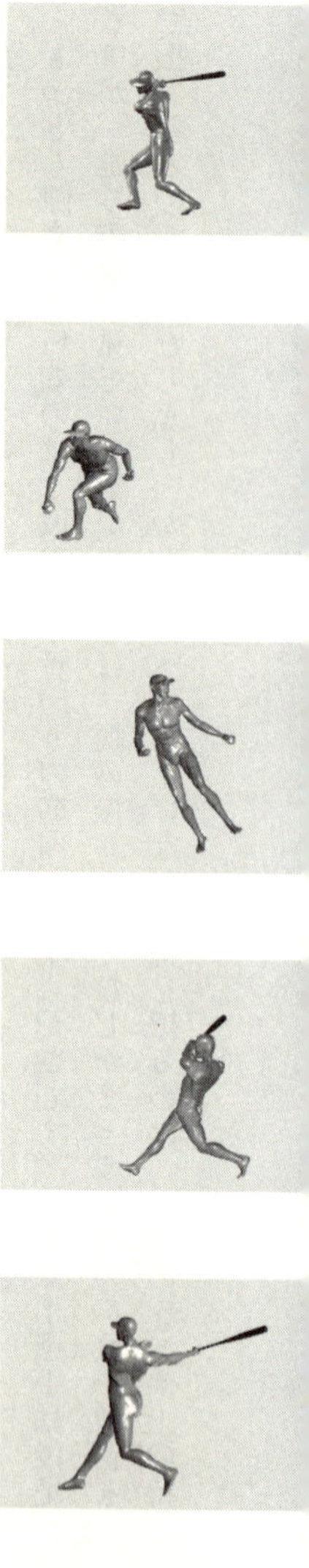

徴であります。一〇〇メートルを九秒台で走る世界最速のランナー、モーリス・グリーン選手の走法を見ても、それがわかります。

ひじを後ろの高い位置まで振ることは、肩甲骨まわりの筋肉群が柔らかくなくてはできません。日本の選手は、大体の印象ですが、どうもこの筋肉群の柔らかさに欠けているような気がします。これは、野球選手にかぎらず、サッカーの選手についてもいえるようです。その結果、トップスピードは変わらないのに、静止した状態からの一気の加速に欠けるのです。どうも、走るスタイルがバタバタしているように感じます。

この肩甲骨まわりの筋肉群の柔らかさの効用は、イチロー選手の場合、バッティングにいかんなく発揮されています。この柔らかさが、イチロー選手のバッティングを支えているといってもいいかもしれません。

バックスウィングで、イチロー選手の前の肩（左打者ですから右肩です）は、外転してピッチャーに向けられた顔の顎の下へきています。また、右肩甲骨はやや上方回旋していて、右肩が少し上に上がっています。それだけならば、ボンズ選手も松井選手もやっていることですが、イチロー選手の場合、右肩甲骨の外転のレベルが違うのです。右肩甲骨の背面がほとんどピッチャーに向けられるほど外転しています（外転、上方回旋については八四ページ参照）。

この右肩甲骨を脊柱側へ一気に引き付けることで、それに連動して右腕全体を体の後ろ方向へ強烈に引くことができます。そうです。イチロー選手はボンズ選手と同じく「プル伸展」型（静止状態から一気にバットのヘッドを加速するスウィング。詳しくは一七八ページ以下第四章参照）なのです。彼の右腕は、したがって、スウィング中、軽く曲げられていて、ピンと伸びることはありません。この「プル伸展」が松井選手を上回る伸展速度を生み出すのです。

グリップの深いコックが伸展する部分のテレビの一コマを見てみますと、左ひじ、左肩は止まっているのに、右肩、右腕がぶれているのに気がつきます。左をテコにして右をひっぱり、コックを伸展させる「プル伸展」になっているのが見て取れるのです。

これに、多くの人はどうして気がつかないのでしょうか。それには、理由があるようです。イチロー選手のもうひとつの特徴は、スウィングの期間を通じて、静止するところがないことであります。動きながら打つ、これがイチロー選手の特徴のひとつです。こんなことができるのも、「動体視力」がきわめてすぐれているからでしょう。

ボンズ選手の場合、静止した状態からいきなり打つ、といった印象が強烈で、それが、もの

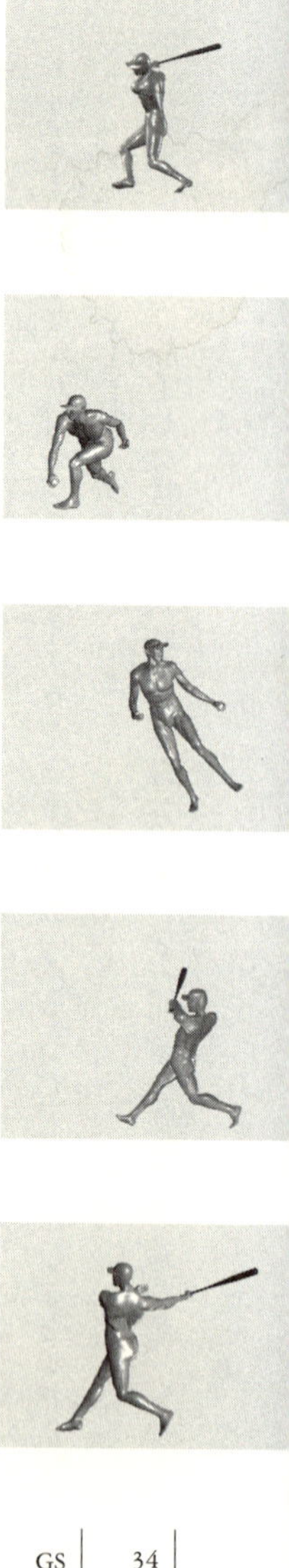

すごいパワーを感じさせる源泉になっています。これは、メジャーの強打者に共通しています。

イチロー選手の場合、同じように強烈な「プル伸展」を行っているにもかかわらず、そう見えないのは、それが動きのなかで行われているからだと思います。体の動きに幻惑されて、「プル伸展」の強烈さに気がつかないのです。

このように、背中側の筋肉群で引っ張ってスウィングするためには、後のボンズ選手の章(第四章)で説明するように、ヒップの回転がブレーキングされなければなりません。このブレーキングの効果は、スウィング終了あたりで、ヒップよりも肩のラインがより深く回転していることで裏付けられます。イチロー選手の場合も、例外ではありません。ヒップが止まって、肩が深く回転しているのです。

また、彼のヘッドスピードの速さの秘密は、右腕を素早く畳んでしまえることです。「プッシュ伸展」型(体重を後ろから前へ移動させながらスウィングすること。詳しくは一七八ページ以下第四章参照)の日本の選手は例外なくこの前腕の畳みを行っています。イチロー選手の非凡なところは、「プル伸展」型でスウィングを開始しながら、スウィング中に、右腕を素早く畳んで、遠心力（ほんとうはコリオリの力。六九ページ参照）を非常に効果的に生かしているところにあります。この組み合わせが、非常に大きなヘッドスピードを生み出しているのです。

イチロー選手はいま述べたような動作を動きのなかでおこなっているといいました。その動きとは、どのようなものでしょうか。そこで、ヒップから下の下半身の動作に注目してみましょう。

イチロー選手は、ピッチャーがボールを後ろへ振り上げるあたりから、スウィングを開始します。最初右足をちょっと上げて踏み出す準備に入ります。右足を上げるときに、左股関節を内旋（内向きに回転、またはひねること）させるため、体はやや左回転します。右のお尻がピッチャーを向くわけです。同時に、右肩はしっかり顎の下に入り外転します。グリップは左肩あたりの高い位置に上げられ、左ひじも高い位置につきます。

この上げた右足がピッチャー側へ踏み出され始めるのは、ピッチャーがボールをリリースしたあたりからです。このあたりから、ウェイトシフトが始まり、右足はピッチャー側へ踏み出されます。このとき、右足はかかとから、右ヒップはピッチャー向きのまま、ピッチャー側へ踏み出されるのです。この間、顔と目は、ボールを追いかけています。

ここからが「動体視力」の出番です。ボールの軌道、ボールのヒッティングポイントへの到

達時刻が予測されます。この予測にしたがって、右足着地のタイミング、着地の位置、体の姿勢が調整されます。

この調整の期間が、左足一本で立ち、ウェイトシフトしている期間なのです。この予測をできる限り正確にするために、右足着地をぎりぎりの瞬間まで我慢するのです。どれだけ我慢できるかは、バットのヘッドスピードに依存します。バットのヘッドスピードが速ければ速いほど、ボールを近くまで引き付けられますし、予測も正確になるでしょう。

さて、いよいよ右足着地です。普通ですと着地の瞬間から頭は静止状態に入り、スウィングが開始されるのですが、右足が着地したあとも、さらにウェイトシフトは続くのです。着地した右足に体重が自然に乗り、そのまま右足の膝を曲げていくことで、ウェイトシフトはさらに継続されます。これにともなって、左足が右足方向に引きずられ始めます。この間、当然、頭はピッチャー側へ移動を続けています。ただ、その移動の程度は小さくなっています。

普通ですと、着地した右足を踏ん張って、その大地からの反力を利用してヒップを回転させ

るところですが、イチロー選手はそれをしないので、回転のためには、なにか他の方法が必要です。右膝を曲げていくといいましたが、これがいつまでも続くわけではありません。右膝を曲げることでウエイトを吸収しながら、右のヒップを体の後ろ方向へ移動するのです。このためには、左股関節の内旋（八二ページ参照）が必要ですが、この内旋は右膝の曲げに自然に連動しながら行われます。このヒップの後ろ方向への移動は、右背中の筋肉群の伸張を引き出し、反射的に、右肩甲骨の下方回旋（八四ページ参照）と内転（八四ページ参照）を導きます。簡単にいえば、右肩がぐいと後ろへ引かれるのです。この右肩の引きが「プル伸展」を導くのです。

このあと、両肩全体がヒップを追い越して回転し、ヒップの回転はブレーキングされるのです。バットは鋭く回転しスウィングが事実上終了します。

スウィングは終わりますが、動きはまだ続きます。右足近くに引き付けられた左足に体重が移動し、この左足を踏みきることで、右足はランニングの第一歩を大きく踏み出します。スウィングとランニングが、間然するところなく、続いていくわけです。イチロー選手が天才的なのは、動きのなかで、これらの動作を流れるように続けうるところにあります。これほど、部分動作がそれぞれ意味を持ち、流れるようにオーバーラップしながらつながる選手は、まずほかには見当たらないでしょう。

イチロー選手のバッティングスタイルは、世界中のどこにもないまったく独特なものですが、

個々の部分動作は特異なものではなく、日米双方の選手たちの良いところを組み合わせて生かしているところがすごいのです。しかも、バッティングだけに終わらず、ランニングまで視野に入れたスタイルは、バッティングという言葉を超えたところにあるといっていいでしょう。

いま私が解説を加えたイチロー選手の動きというのは、「結果としてそうなった」という話です。ではイチロー選手は何を意図しようとした結果、彼のいまのバッティングスタイルが確立したのでしょうか。そもそもバッティングとは、何をすることなのでしょうか。この点を明らかにすることは、バッティングというものを超えた、スウィング動作全体の原理を明らかにすることにもつながるのです。次章以降でくわしく説明したいと思います。

章末コラム① 人はなぜボールの移動距離を予測できるのか

ボールを見て、ヒッティングや捕球のタイミングを予測するにはどうしたらいいでしょうか。簡単な式を作ってみましょう。「数学の式かいな」とおっしゃらずにお付き合いください。

簡単にするために、目のレンズから網膜までの距離を1とし、レンズからボールまでの距離をzとします。ボールの半径を大文字のR、このボールの網膜上の像の半径を小文字のrとします。ちょっと、図をかいてみましょう。像の中心とボールの中心を線で結び、その線がちょうどレンズの中心を通るとしておきます。レンズの中心と像のはしっこをむすぶと、直角三角形ができますね。この直角三角形は底辺が1、高さがrです。また、レンズの中心とボールの端をむすぶと、やはり、直角三角形ができます。この直角三角形は底辺がzで、高さがRです。この二つの三角形が相似であることは図を見ればわかります。相似ですから、高さと底辺の比は、二つの三角形で等しくなります。式で書けば、

r/1=R/z　したがって　r=R/z

ですね。この式の意味は、網膜上に写ったボール像の半径の大きさは、実際のボールの半径をボールから目までの距離で割ったものに等しいということです。要するに、実際のボールの大きさをボールから目までの距離で割ってやれば、目で見えるボールの大きさになるのです。たとえば、ピッチャーからバッターまでの距離はほぼ一八メートルありますが、ボールが投げられて三分の一くらい近づくと、すなわち、一二メートルくらいに近づくと、目で見えるボールの大きさは、R/18からR/12の大きさに変化します。ちょ

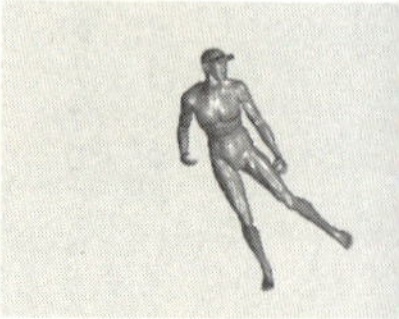

っと大きくなるわけです。まあ、ボールは近づいてくるわけですから、当然ですよね。この大きさの比は、一八を一二で割って、一・五となります。最初の大きさから一・五倍くらい大きく見えるわけですね。この大きさの変化がどのくらいの速さでおこるかを見て予測が行われるのです。この予測計算が大脳でどのように行われるかしらべましょう。

この式を書き直せば、

$$r * z = R$$

となります。さて、ここで、像の半径が大きくなる速度を小文字のvとし、ボールの速度を大文字のVとします。微分を知っていれば話は簡単なのですが、興味のない方は結論だけお読みください。

非常に短い時間を考えて、その大きさをdtとします。このdt時間にボール像の半径がdrだけ大きくなったとしましょう。ボールの速度はVですから、dt時間の間に、ボールはV＊dtだけ近づきます。したがって、

タイミング予測

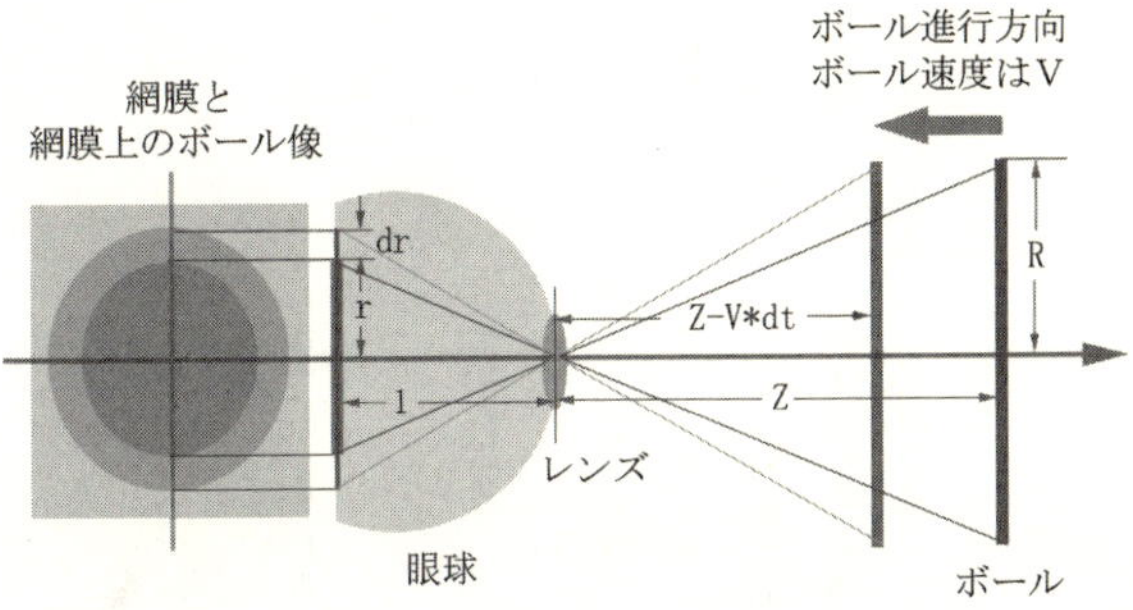

網膜上の最初のボール半径rとdt時間後のボール半径r+drだけからボールが目の前にくるまでの時間を計算することができる

ボール像の半径は、rからr＋drに、目からボールまでの距離はzからz－V＊dtに変化します。後者が引き算になっているのは、ボールが近づくからですね。

これを、前の式に代入しますと、

(r＋dr)＊(z－V＊dt)＝R　したがって

r＊z－r＊V＊dt＋dr＊z－V＊dt＊dr＝R

となりますが、r＊zがRに等しいことと、dtもdrも非常に小さいためその二つを掛けたdt＊drは無視できるほど小さくて0と置いていいことを考慮すれば、

－r＊V＊dt＋dr＊z＝0　したがって

(dr/dt)＊z＝r＊V

が得られます。dr/dtは、実はボール像の半径が大きくな

る速度をあらわしていますから、これは、vと置けます。そして、整理をしますと、

$$r/v=z/V$$

という式が最終的に得られます。この式の右辺、z/Vは何を表わしているでしょうか。zはボールの目までの現在の距離であり、Vはボールの速度ですから、距離を速度で割れば、それは、ボールが現在の位置から目に衝突するまでの時間を表わします。したがって、この式は、ボールが目の前にくるまでの時間は、網膜上のボールの半径をその半径の増加速度で割れば、計算できることを示しています。大事なのは、この計算が網膜上の情報だけで計算できるということなのです。

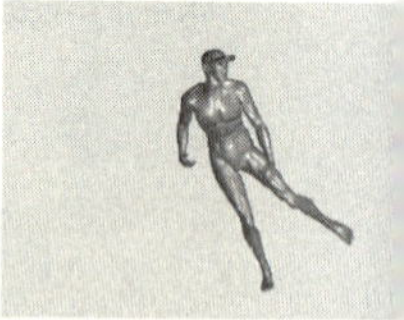

第二章　スウィングの原理——スピード&パワーとは何か

シュテフィ・グラフ

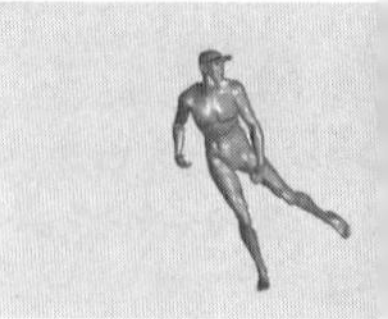

ピッチングの場合

スピード&パワーという言葉は、見た印象とかイメージのような感覚的な意味を表わす言葉なので、それ自体あいまいです。ですから、その内容を具体的に説明しろといわれても、無理があるのかもしれません。しかし、メジャーリーグの選手たちのプレーをみていて、スピードとパワーが違うと言われれば「そうだよね」と妙に納得してしまうのも事実です。

でも、これは全体的な印象としての話であって、個々の選手を比較すると、そうでもない場合が多々あることに気がつきます。

新庄選手やイチロー選手以外にも、野茂投手がメジャーリーグに鮮烈なデビューを飾ったのはまだ記憶に新しいところです。並み居るメジャーの強打者たちを、バッタバッタと三振にきってとり、ついには、SANSHINという英語まで生まれてしまったのは痛快でした。その後、伊良部秀輝投手、吉井理人投手、長谷川滋利投手、さらには、DAIMAJINの異名をとる佐々木主浩投手と、日本人のメジャーリーグでの活躍が続いたのはみなさんご承知の通りです。スピード&パワーを誇るメジャーリーガーたちの中にあって、まったく遜色のない活躍ぶりです。

いかにメジャーリーグといえども、速球投手がつねに時速一六〇キロを超えるボールを投げているわけではありません。時速一五〇キロ台のボールを投げることができれば、速球投手の範疇に入るでしょう。ランディ・ジョンソンのように時速一六〇キロを超えるボールを投げることのできる投手は、メジャーリーグでもむしろ例外的存在なのです。とすると、ことボールスピードに関するかぎり、日本人の投手がメジャーリーガーにくらべてそれほど劣っているわけではないということになります。そうすると、ピッチャーの場合、スピード&パワーのスピードとはなにを意味するのでしょうか。

その意味をさぐるために、本書ではメジャーリーグ代表としてアリゾナ・ダイアモンドバックスのランディ・ジョンソン投手、日本球界を代表して西武ライオンズの松坂大輔投手を比較してみようと思います（さらに詳細な分析は第三章でおこないます）。

ランディ・ジョンソンの投球を見たときはびっくりしました。キャッチボールでもするかのような、無造作という表現がぴったりの投げ方でした。たしかに投げるスタイルは日本の投手とはまったくちがいます。

・まず、踏み出す足のスタンス（ステップの歩幅）が狭い。

・肩から先にまるで朽木が自然に倒れこむようなウェイトシフトが行われる（これは専門用語では「ショルダーファースト」といいます）。
・主として上体の横回転で腕が振られる。

といったところが目につきます。

高く引き上げた前足を前に踏み出したところでピュッと体が横回転してボールが放たれるといった具合で、静止状態のボールがトップスピードに達してリリースされるまでの加速時間が短いのが特徴といえます。それでいて、球速は時速一五〇キロを軽く超えるのですから、この短い加速時間内に彼が生み出すパワーたるや強烈なものがあります。車でいえば、俗にゼロヨンと呼ばれるレース（〇〜四〇〇メートルの直線コースを静止状態から一気に加速して何秒で走るかを競うレース）といったところでしょうか。これこそ、スピード&パワーの語感にぴったりです。短時間の一気の加速を可能にするパワーとそれが生み出すスピード、この加速感覚が、スピード&パワーの正体だといっていいでしょう。

ランディ・ジョンソンは二メートルを超える長身で、したがって腕も長いので、上半身の回転が横回転主体になるものと思われます。この点を除けば、メジャーリーグの投手たちの特徴は共通しています。肩から先にウェイトシフトする（肩から体が前に出ていく）いわゆるショルダーファースト投法で、ボールリリースまでの加速時間が短いのです。

一方、わが松坂投手の場合はどうでしょうか。

・高く引き上げた前足をウェイトシフトして踏み出すときのスタンスが広い、

・ウェイトシフトはお尻から先に行われる（これを、前の「ショルダーファースト」に対して、「ヒップファースト」といいます）、

・上体は踏み込んだ足の股関節を中心に横にひねられながら大きく前方に回転する。

・この間ボールは流れるように加速されリリースを迎える。

といった具合です。球速はランディ・ジョンソンと同じく楽に時速一五〇キロを超えていきます。しかし、ここにあるのは一気の加速感覚ではなく、流れるような加速であり、流麗という表現が合うのではないでしょうか。スピード&パワーといった一種の荒々しさより、美しささえ感じさせるといえるでしょう。車でいえば、流体力学の粋をきわめたF1といったところでしょうか。

松坂投手の場合、踏み込んだ前足が着地するまでは、ヒップの回転もボールの振り上げによ

る上半身のひねりも起こりません。着地する寸前に初めてヒップが回転を開始し、上半身のボールを持った手に引きずられた逆ひねりがスタートしています。ウェイトシフトしている間、ボールはゆるやかに上へ振り上げられながら前方へ加速され、前足の着地とともに始まる股関節を中心とした前方回転と上半身のひねり戻しの連携でボールはさらに強く加速されます。これが、全体として、流れるような加速感覚を生み出すものと思われます。これが、日本のピッチャーの流麗なピッチングフォームにつながっているのです。

守備の場合

スピード&パワーを守備の場合で考えてみましょう。たとえば二〇〇〇年秋の日米野球にやってきたクリーブランド・インディアンズの名ショート、オマー・ビスケル選手の守備はすごかった。ボールを捕球したと思った瞬間に、もう矢のような球を投げているといった具合です。

オマー・ビスケルは、ゴールデングラブ賞の常連ですから、当たり前かもしれませんが、ほかの内野手の守備の場合でも、捕って投げるまでの時間が、日本の内野手にくらべてワンテンポ早いのは事実です。メジャーリーガーは捕球して一回ステップしてから送球するワンステップスロー、日本の内野手はツーステップスローといったところでしょうか。日本の解説者もこれは何回も話題にしていましたが「どうしてそうなのか」というところに踏みこんで解き明かすというところまでは、残念ながら至りませんでした。スピード&パワーの差だよというところで思考停止の状態のようです。

それはさておき、ここではどこがどう違うのかというところを、もうすこし踏み込んで調べてみたいと思います。ビデオをコマ送りしながらじっくり見ていけば見えるところを、日米の差として挙げてみましょう。

バッターが打ちました。砂をかむ猛ゴロがショートを襲います。ショートはダッシュしてこれを捕球、一塁へ矢のようなボールを送り、間一髪アウト。というようなシーンを考えます。ショートは右利き、左にグラブ、右投げとしておきます。

日本の内野手の場合、ボールを捕球した低い姿勢から、ボールを握りながら送球のための高い姿勢に入ったところで送球アクションがスタートします。しかも、その送球アクションがピッチングのフォームなのです。すなわち、ヒップファーストで左足を踏み込み、左の股関節に乗りながらボールを握った右手を右後方へ振り上げ、上半身を左にひねりながら前方回転して

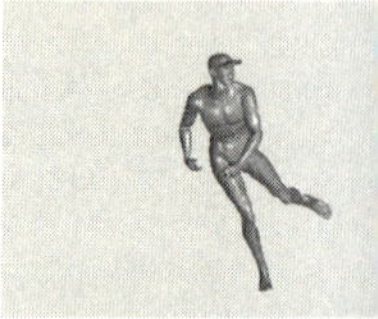

投げる、といったピッチングそのものの送球アクションなのです。もちろん、ピッチャーほど大きなアクションではありませんが、動作そのものはミニピッチングといったところです。さまざまなシーンをチェックしましたが、例外なくミニピッチングなのです。

これに対して、メジャーリーガーの場合は、どうでしょうか。実は、上半身のアクションはメジャーリーガー風のピッチングとそっくりです。ショルダーファーストでウェイトシフトしながら上半身を右にひねってボールを右後ろへ振り上げ、そのまま上半身を左へひねり戻しながらボールを投げる、といった具合です。

これに対して、下半身はピッチングの場合の逆になっているのです。ピッチングならば左足を踏み込むところを、逆に右足を前に振り出します。右足を前に振り出すということは、ヒップが左にひねられ、下半身は左にひねられるということになります。下半身がこのような動作を行っているちょうどその時、上半身はボールを右後方に振り上げながら右にひねられつつあるので、全体としてすごいひねりが体に加えられることになります。これが「上下逆回転ひねり」です。このひねりのひねり戻しの勢いでボールを投げるのです。投げたあとは反動で左足が前に出ます。この動作は、実際やってみればわかりますが、ヒップファーストではできません。ショルダーファーストでなければ、このアクションをスムーズに行えないのです。言葉で表現するとながったらしいですが、内容からわかるように、ワンステップで送球が完了するので、いかにもメジャーリーガーらしいスピード&パワーのスローイングが完成するわけです。

これに対して、日本の場合は、基本的にきっちりステップして、いわゆるピッチャーのピッチングを行うためにツーステップスローになってしまいます。こちらは、ピッチングと同じように、流れるようなスローイングになります。たとえば巨人の二岡智宏選手とか西武の松井稼頭央選手の送球を思いおこしてみてください。捕球してステップしてから、右ひじをしっかり上げてビシッと投げますよね。華麗な守備という表現が、日本の場合、よく使われますが、これはこのあたりの事情と深い関連がありそうです。

バッティングの場合

サンフランシスコ・ジャイアンツのバリー・ボンズ選手のホームランを見たことがありますか。もう、目がテンになります。俗な言い方ですが、ボールがまるでピンポン球のように、あっという間に、どこかにいってしまいます。どこかといったって、もちろん、外野スタンドな

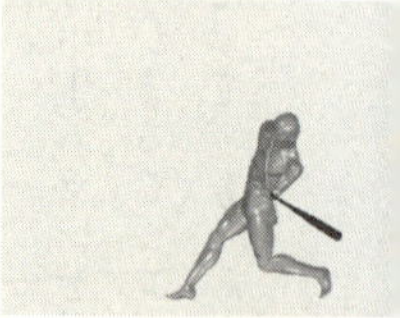

のですが、打った瞬間テレビ画面から消え、「あれれ、どこいったの」という雰囲気です。また、スウィングの早いことといったら、いま静止していると思ったら、次の瞬間振り終わっているという感じ。二〇〇一年のシーズンは、またかつてない絶好調で、あのマーク・マグワイア選手の年間七〇本という記録を抜く勢いでホームランを量産しています。

日米野球でも、バリー・ボンズのホームランで、まさに圧倒的なスピード&パワーの差を見せつけられた感じでした。これには日本のパワーヒッター、巨人軍の松井秀喜選手も少々脱帽気味です。

さて、この二人、どこがどう違うんでしょうか。まず、松井選手の場合から調べてみましょう。パラパラ・アニメーションを見ながらお読みください。

ピッチャーがボールをリリースした瞬間から前足（松井なら左バッターなので右足）、を上げてステップがはじまります。右足が踏み込まれるにつれてヒップも頭も前方（ピッチャー側）へ移動、ウェイトシフトが行われます。その間、グリップの位置はできる限りもとの位置あるいはより高い位置に保たれ、グリップのコッキングは深まります。この間に、体の回転は行われていません。右足が着地するころから、左膝が前方へ送り込まれ、ヒップの回転がスタートします。右足が着地した瞬間から、頭の位置は見事に静止状態に入ります。さらに、その瞬間に、グリップはぐっと引き下げられ、左肩は下がり、左脇が締まって、バットはグリップの深いコックのまま左肩後方からボールを狙う位置へつきます。この間、ヒップの回転はさらに進行しています。したがって、上半身とヒップの間は強烈にひねられ、一瞬遅れて上半身のひねり戻しが開始され、スウィングが始まります。

スウィングがどのようにおこなわれるかということは、あとで詳しく調べることにして、ここでは、バットがすごい勢いで振られ、その結果、ボールをヒットし、ホームランが飛び出すということにしておきましょう。この章の目標であるスピード&パワーの日米比較には、この説明の範囲で事足りるのです。

長くなりましたが、要は、右足をステップしている間、体の回転がおこなわれていないというのが注目すべき点なのです。この事情は、ピッチングに似ています。日本のピッチャーは前足を大きくステップして、それが着地するまでは体の回転が行われないということを前に述べました。バッターも同じということころが面白いですね。

さて、いよいよバリー・ボンズです。彼は、前足（左バッターなので右足）をスウッとステップ

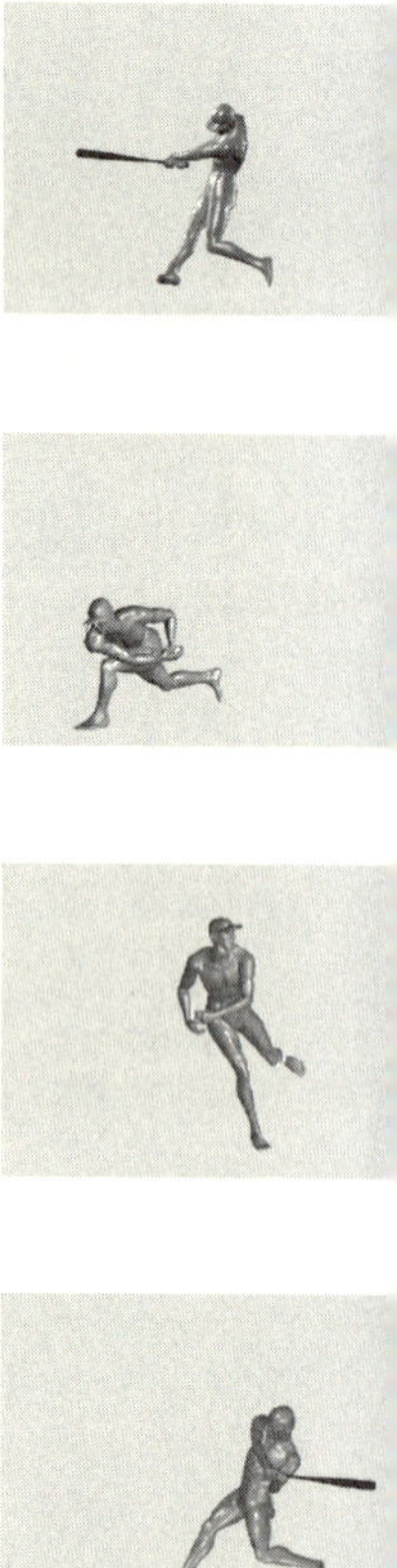

します。注目すべきは、ステップ開始とほぼ同時に、後ろの左足の膝をぐっと前に送り込み、出し始めます。この結果、ヒップはステップの間に回転を開始しています。さて、この間、上半身はどうでしょうか。最初、グリップは腰のあたりの低い位置にありますが、ステップ開始と同時に上後方へ上がり始め、それに引きずられて両肩はヒップと逆方向にひねられ始めます。したがって、ショルダーファーストのピッチングと同じように、前足踏み込み完了時点で、上半身と下半身は強烈にひねられているのです。前足を踏ん張ることでさらに強烈なヒップ回転が行われ、それに引きずられて一気に体はひねり戻されます。この間、頭はやや前へ移動する程度でほとんど動きません。したがって、スウィングの印象としては、構えた位置で一気に回転して打つように見えます。

　静から動へ一気に移行するスウィング、これを可能にする体の上下逆回転による強烈なひねりとひねり戻し、これこそが、スピード＆パワーの正体なのです。この二人については、第四章で、詳細に分析します。

ともかく、日本のプロ野球選手に比べて、メジャーリーガーたちのほうがスピード&パワーがあるように見えるのは、「短時間の間に加速して、最高速度に達することができるので、同じパワーの持ち主でも、よりパワーがあるように見える」ということなのです。これは、大切な考え方ですので、よく覚えておいてください。

プロらしく勝つ

第一章でも述べましたが、私はバッターのタイプを大きく「プル伸展」型と「プッシュ伸展」型の二つに分けています(詳細は一七八ページ参照)。「プル伸展」によるバットヘッドの加速は、ほとんど静止状態から一気にバットヘッドが加速されるため、もの凄いパワーを感じさせます(典型的な大リーグ型)。これに対して、「プッシュ伸展」による加速は、その前に体全体のウェイトシフトを伴うため、一気の加速感に欠けるうらみがあります(典型的な日本選手型)。しかし、これは感覚的な問題であって、平均的にいえば、バットのヘッドスピードにそれほど差があるわけではないのです。メジャーリーガーといえども、誰もがボンズ選手、ソーサ選手、マグワイア選手ではないのです。

この二つのスタイルの差は、主として、タイミングの取り方の差です。たしかに、時速一五〇キロを超える球速のピッチャーはメジャーリーグには相当数います。この球速に対抗するだ

けならば、ウェイトシフトの部分を工夫するだけで足りるのです。したがって、体力あるいはパワーの差が厳然としてあるから、日本の選手はメジャーを超えられないとするような、よくある短絡的な議論に与《くみ》するわけにはいきません。

内野手の守備についても、ワンステップスローはスピードを感じさせますが、見た目のスピード感ほどに実際のスピードの差があるわけではありません。走者の歩幅にして最大でも約半歩ほどの差でしょう。この差ならば、内野ゴロの打球の方向をコントロールできれば埋められそうです。また、ワンステップスローを完璧にこなせるビスケルのような選手もそんなにたくさんいるわけでもないのです。とすれば、この差も平均的にはさらに小さくなります。イチロー選手がメジャーで三割をキープできないとする予想の根拠は、ゴロの内野安打が減少するというものでした。これは、見た目のスピード感にまどわされた議論だったようです。

ただ、お客さんを喜ばせるプロの技という観点からは、メジャーリーガーのパワーとスピードは非常に魅力的です。観戦していても、スピード感に溢れ、場外ホームランが飛び出す試合はワクワクします。ひょっとすると、パワーとスピードは、単に技術的問題だけではなく、観客を喜ばせるという点も大きく影響があるのかもしれません。

日本でも、試合時間を不必要に長引かせることを避けるため、攻守交替を全力疾走にしようとか、ピッチャー交代に車を使うとかの配慮がおこなわれています。しかし、観客サービスということならば、試合のプレーそのものをスピード感溢れるものにするのが王道でしょう。

日本のプロ球界では、とにかく試合に勝つということを最大目標とする風潮が支配的でした。しかし、観客の立場からいわせていただければ、単に勝てばいい、というのではなく、プロらしく勝つということにもっとこだわってほしいと思うのです。

このように、スピード&パワーという観点から日米の代表選手を比較していると、あることに気がついた読者の方がおられることと思います。それはピッチャーやバッターという区別なく、メジャーリーグの選手は、まるで雑巾を絞るように自らの「上半身と下半身のひねり」を利用してスピード&パワーを達成しているということです。彼らはなぜ上半身と下半身をひねり、プレーしようとするのでしょうか。どうやらこのあたりに、第一章から追い求めているバッティングとピッチングを超えた原理が隠されているような気がします。

スウィングって何?

スウィングというと、私のような一九五〇年代に青春時代を過ごしたものなら、ついスウィング・ジャズを思い浮かべてしまいますが、ここでのスウィングはもちろんその意味ではありません。この本では、野球におけるピッチング、バッティング、野手のスローイングの分析と日米比較がメインテーマですが、これらに共通するものがスウィング、またはスウィング動作なのです。

手近の英和辞典を引いてみれば、ＳＷＩＮＧの意味として、揺り動かす、振り回すなどがあります。音楽のスウィングはリズムに乗って軽やかに体を揺り動かすことからきています。これに対してスポーツにおけるスウィングの意味として「腕、足、体などを滑らかなカーヴに乗って動かして……する」というのがあります。この……のところに、打つ、投げるを入れれば、バッティングは棒を振り回してボールを打つ、ピッチングは腕を振ってボールを投げる、というように、どちらもスウィング動作のひとつということになります。

ニス選手はラケットをどのように振っているのでしょうか。

ここでは、女子テニスのかつての世界チャンピオン、ドイツのシュテフィ・グラフ選手を例にとって説明しましょう。この本は野球の本のはずなのに、なんでテニスなんだ、とお怒りの読者もおられるかもしれません。じつはこれには深いわけが（あんまり深くもないかも）あるのです。野球のピッチング、バッティングを説明できるスウィングの原理があったとしたら、それは当然ほかの分野のスウィングをも説明できるはずです。でなければ、原理とはいいません。そこで、ここでは逆に、テニスのスウィングを分析してスウィングの原理を見つけ出し、あとでそれを、野球に適用してみようというわけです。野球の場合だと、日米ですら見かけ上相当違ってみえるので、両者に共通するスウィング原理を野球の例から導くとわかりにくい結果を招く恐れがあるのです。そのためにも、ここでテニスから野球へという逆のステップを踏ませていただくことにします。

まずはラケットの握り方からして羽子板の場合とはまったく違います。グラフ選手は右利きなので右利きの場合を考えます。右腕を握手をするように前へ出してラケットを握る場合、ラケットの打球面は右手の手のひらと同じ方向を向いています。羽子板なら、おなじようにすれば、打球面は下を向きます。でもテニスの場合、ラケットの面はちょうど自分の手のひらを延長したようにみえます。あたかもラケット面が手のひらになった思い切り長い手を持っている

と思えばいいわけです。ひじから先の下腕が「右下腕＋ラケット」で、手のひらがラケット打球面のように考えるわけです。

三つのフェーズ

さて全体のサーヴスウィングは三つのフェーズに分けることができます。まず第一のフェーズを考えましょう。サーヴをするときには相手に正対するのではなく、野球のピッチャーのように、まず両肩のラインが相手を指すように立ちます。左肩が前、右肩が後ろといった具合です。当然左足は前、右足は後ろです。

その構えから、左手に握ったボールを、左腕全体を高く振り上げて、真上へ投げ上げます。左腕はまっすぐ天を指すようになります。同時に右手で握ったラケットも上へ振り上げられますが、その結果、右肩から右ひじまでの右上腕のラインはほぼ両肩を結ぶラインと一直線になり、右ひじは九〇度ほど曲げられ、右下腕とラケットは自然にまっすぐ上を指しています。

グラフ選手のスウィング

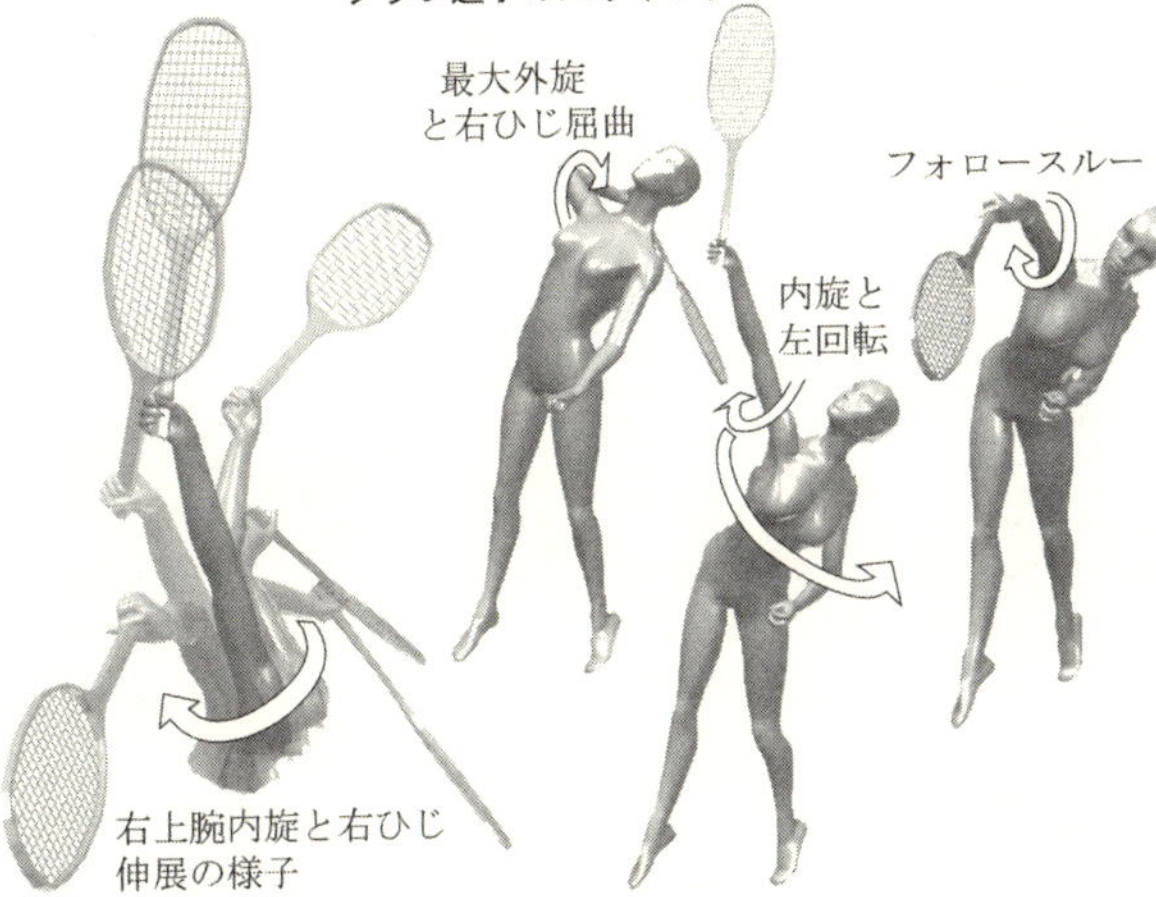

強烈な右上腕内旋と上体の左回転が一気に右ひじを伸展させる

この右腕の振り上げ方をもうすこしくわしく見てみると、まず下に自然にぶらさげたラケットを、右ひじを軽く曲げながら両肩のラインまで引き上げます。この動作に伴って、右上腕を、上腕のラインを軸に、外向きに回転させると、右下腕＋ラケットも、右ひじを中心に、回転しながら上に振り上げられることになります。

右上腕をそのまま外向きに回転し続けると、いったん前から上に振り上げられたラケットは、上から後ろへ、すなわち背中の下方へ、回転しながら下がっていきます。回転できる限界までいったところでストップします。この状態では右ひじは一番高い位置にあって、右上腕は限界まで外向きにひねられ、その結果、右下腕＋ラケットは地面を指しています。

ここでちょっと後のために、専門用語を覚え

ておきましょう。右上腕が外向きに回転、またはひねられることを専門用語では「外旋」といっています。内向きなら「内旋」といいます。

それはさておき、ここでラケットの打球面はどこを向いているでしょうか。羽子板ならボールに正対しているところですが、ラケットの場合は違います。なんと、打球面のエッジがボールをねらっているのです。さきほどラケットを持った手は打球面が手のひらになった長い手と思えばいいと言いました。そう思えば、この状態は空手チョップをするために振り上げられた腕とよく似た形になっています。

ただ、空高く上がったボールをヒットしようと狙っているために、プロレスラーの空手チョップとはちょっと違って、手のひらは（この場合は手のひらというのはラケットの打球面のことです）背中の後ろの深い位置にあってほとんど手の先が（ラケットの先が）地面を指しています。自分の頭より上にあるものに空手チョップをくらわせようとしてみれば、誰でもこの恰好を真似できます。このポジションは、両肩のラインと平行する右上腕が、もうこれ以上外旋できない限界のところにあるという意味で、「最大外旋位置」ということにします。スウィングの第一のフェーズは、右上腕を最大外旋位置にもっていくための運動であるということができます。

この第一のフェーズに「バックスウィング」という名前をつけることにします。バックスウィングのこの定義は他の書物のものとは違っています。大抵の場合、右腕を上へ振り上げるまでをバックスウィングとしているようです。ここでは、バックスウィングの期間をもうすこし延長して、最大外旋位置に到達するまでとします。なぜそうするのかという理由は、この章をお読みいただければわかっていただけると思います。

第二のフェーズは、深く折れ曲がった右ひじが伸展して、ラケットの打球面がちょうど落ちてきたボールをヒットするまでです。ラケットは、空手チョップのように、エッジでボールを狙っていたわけですから、打球面がボールをヒットするためには、第二のフェーズの間に、右腕は第一のフェーズとは逆に、全体として九〇度ほど内旋しなければなりません。第一のフェーズで深く折れ曲がって最大外旋していた右腕が、第二のフェーズで、逆に、内旋しながら伸展するのです。このときの右ひじはもの凄い勢いで伸びて、プロ選手のラケットヘッドスピードを生み出すのです。なぜそんなもの凄い勢いで伸びることができるのか不思議ですが、この現象の力学的考察は次の項ですることにしましょう。

さて、最後のフェーズ、第三のフェーズです。これはボールをヒットしたあとですから、スウィングの目的は達したあとなのですが、これが意外に大事なのです。第二のフェーズでもの凄いパワーを発揮したあとなので、これをうまく後始末しなければ、その反動で体を痛めてしまう可能性大なのです。体が資本のプロ選手にとって、これは普通の人が思う以上に大事なことでしょう。今の場合、ボールをヒットしたあと、右腕は自然に内旋を続け、ゆるやかにブレーキがかかってやがて静止します。このゆるやかなブレーキのメカニズムが後始末ということになります。ボールヒットの瞬間は打球面はボールに正対していますから、第三のフェーズで右腕がさらに内旋を続ければ、打球面は内向きに回転することになります。

　ここまで述べた例はテニスのサーヴの場合ですが、ラケットなしで同じ動作をすれば、なんとこれはバレーボールのスパイクになります。ラケットのかわりにボールを持てば、野球のピッチング、アメリカンフットボールのクウォーターバックのパスになります。

　野球のバッティングやゴルフのスウィングのように、両手でバットやクラブを持っている場合はどうでしょうか。この場合は、両腕をあわせて一本の腕とみなし、グリップをひじとみな

せばいいのですが、両腕を同時に使う分だけ動作が複雑でわかりにくいところがあります。これは後のバッティング分析のところでじっくり考えましょう。

このスウィングの三つのフェーズに名前をつけておきましょう。第一のフェーズを「バックスウィング」というのは、前に決めました。第二のフェーズを「リリース」、第三のフェーズを「フォロースルー」ということにします。第一、第三はいいとして、第二のリリースはちょっと説明を要します。野球ではリリースというとボールを放すことを意味します。もともとリリースは解放の意味ですが、ここでは、バックスウィングで溜め込んだパワーを解放するという意味で使うことにします。バックスウィングでパワーを溜め込み、リリースでそれを一気に解放し、フォロースルーで後始末する、というわけです。

リリースで何が起きるのか

なぜリリースでは右ひじがもの凄い勢いで伸展するのでしょうか。

リリースでは、体は脊柱を軸にして左回転し、それと同時に、右上腕は最大外旋位置から内旋します。この二つの回転にともなって、右下腕＋ラケットは右ひじ中心で回転を開始し、その結果、屈曲していた右ひじは伸展しボールヒットをむかえます。体の回転のことも回旋ということにすれば、体の回旋と右上腕の回旋にともなって右下腕＋ラケットが右ひじ伸展方向に回転する、ということになります。そして、リリースの開始時点で、ボールに対してエッジを向けていた打球面は、右上腕の内旋によって自然に内旋し、ボールヒットの時点でちょうどボールに正対するようになります。体と右上腕の二重の回旋が右ひじの伸展をもたらしているようにみえます。じつは、これがリリースの秘密なのです。

　リリースの期間に、右ひじがもの凄い勢いで伸展することを何回も述べました。右ひじの伸展は、前に言ったように、右下腕の右上腕に対する回転でもあります。回転を引き起こすためには、回転力、いわゆるトルクが必要です。このトルクは意識的に発生させることもできます。そう、曲げた腕を、普段からやっているように、伸ばせばいいのです。でも、リリースはテレビのコマ数にしてたったの一ないし二コマくらいの、極端に短い時間に起こる現象なのです。時間にして〇・一秒を簡単に下回る現象なのです。こんなに短い時間に、腕をのばすことを意識的にやってできるはずはありません。なにか他の、大きなトルクを生み出す原因がなければこの現象の説明がつきません。

コリオリの力

ここで面白い実験があります。日本各地に子どものための科学館がありますが、たぶん、その中には、この実験を体験できるところもあるはずです。私が知っているのは横浜にある子供科学館です。それはさておき、実験の内容をご説明しましょう。

直径四〇〜五〇センチくらいの車輪を考えます。小さな折りたたみ式自転車の車輪くらいです。この車輪の軸受けに長さ二〇センチくらいの軸が差し込んであるとしましょう。車輪の両側に軸が突き出ていてそれを両手で握れるとします。両手をまっすぐ前にのばして、両手の間に車輪を挟むようにいれて両側に突き出た軸を両手で握ります。そして、この車輪を誰かにビューンと回してもらいます。この状態で、回転いすに腰掛けます。両腕をまっすぐ伸ばして回転している車輪を支え、回転いすに腰掛けるのです。そして、誰かに、回転いすをぐんと回してもらいます。さて、なにが起きるでしょうか。想像がつきますか。

大概の人はびっくりします。なんと、まっすぐ伸ばした両腕がぐいとひねられるのです。誰もいないのにです。ひねられる向きは、両腕を伸ばした方向を軸として回転する向きです。体が回転し始めると同時に、伸ばした両腕が勝手にぐいと回転するのです。この回転力を、発見した科学者の名前にちなんで、コリオリの力と呼んでいます。

さて、車輪は、伸ばした両腕に直角の回転軸のまわりに回転していました。そして、体は、回転いすの上に乗っていますから、地面に垂直の軸、ほぼ脊柱軸回りに回転を加えられました。この回転軸は、車輪の回転軸とは、直角に交叉しています。これを、回転軸が直交しているといいます。車輪の回転と体の回転、たがいに直交する回転が同時に起こると、両腕まわりの新しい回転が引き起こされるのです。この新しい回転を引き起こす力——トルクは、体の回転が速ければ速いほど、また、車輪の回転が速ければ速いほど、大きくなります。難しくいえば、トルクは二つの回転角速度の積に比例するのです。

この三つの回転は、その軸がたがいに直交しています。空間内での回転には、三つの回転軸があります。たとえば、左右の方向軸、前後の方向軸、上下の方向軸、といった具合です。今の場合、車輪は左右軸回り、体は上下軸回り、そして両腕は前後軸回りに回転するのです。コリオリの力の教えるところによれば、この三つの回転のうち二つが同時に起これば、もう一つが自動的に引き起こされるのです。

コリオリの力の実験

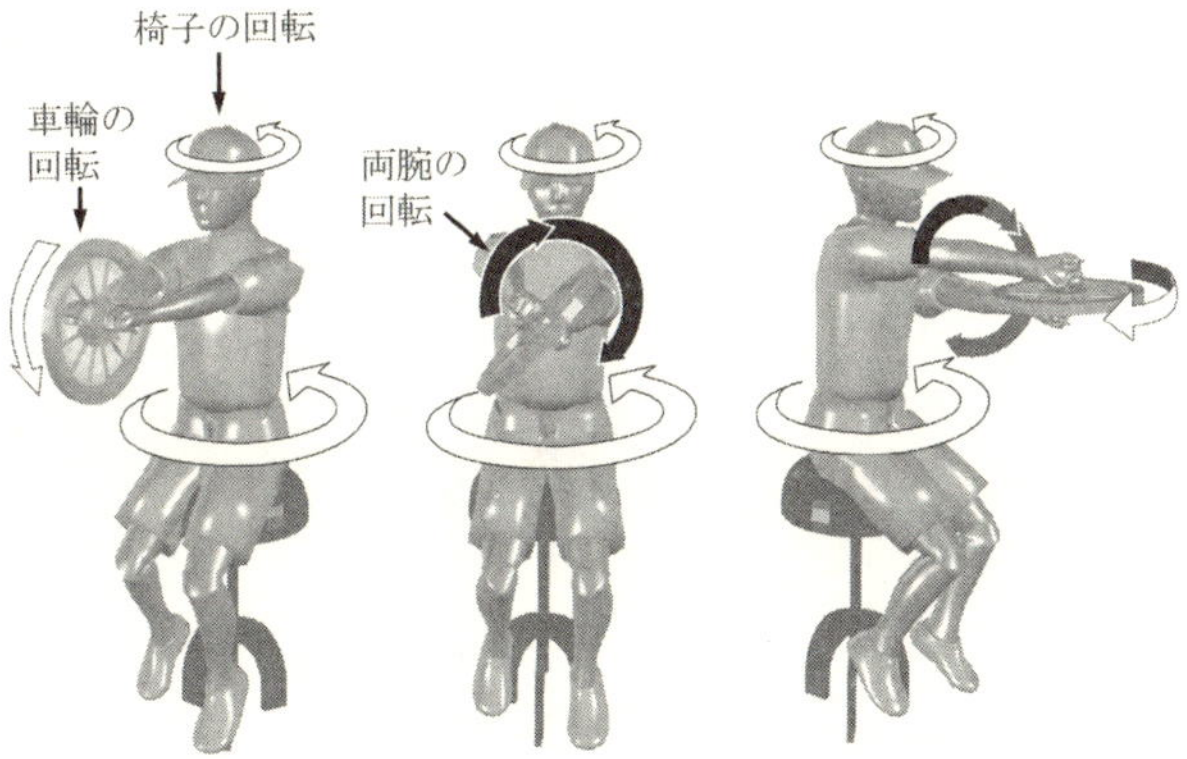

回転する車輪を持ったまま誰かに椅子を回してもらうと両腕がぐいとひねられるように回転する。これがコリオリの力

そうすると、停止した車輪をまっすぐ両腕で支えて、体を回転しながら、両腕を前後軸のまわりに回転させれば、車輪が回り始めることになります。これは両腕を相当速く回転させなければならないでしょうから実際にやるのは難しいかもしれません。でも、理論的にはそうなるはずですから、どこかの科学館に行く機会があったら実験されるのも面白いかもしれません。

ここまでくれば、もうおわかりのことと思います。グラフ選手のサーヴは、上半身の左回転に加えて、右上腕が内旋することにより、たがいに直交する二重回旋を生み出し、それが強烈な右ひじの伸展、すなわち、右上腕に対する右下腕＋ラケットの回転を生み出すのです。これは、二重回旋によるコリオリの力が生み出すトルクのしからしむるところです。右上腕の内旋

が必須であるがゆえに、ラケットの打球面はリリースの最初でボールに対してエッジを向け、内向きに回転しながらヒットの瞬間、ボールに正対するのです。これがリリースの秘密です。

もちろん、コリオリの力だけが伸展に関与しているわけではありません。ひじを普通に意識的に伸ばす力もある程度寄与しているでしょうし、遠心力もあるでしょう。でもこれらの力は補助エンジンであり、あくまでメインエンジンはコリオリの力なのです。

スウィングの原理

コリオリの力は、日常の生活のなかでは、ほとんどと言っていいくらい、体験することがありません。それほど、珍しい力なのです。よくプロとアマの差ということがいわれます。この差は超えがたいほど大きく、それは、さまざまなスポーツシーンで実感させられます。しかし、この差の実体をこうだよといって実際に示すことは至難のわざです。プロの選手自身も、その差が実際にあるにもかかわらず、しかも選手自身がそれを体現しているにもかかわらず、その内容をアマにわかるように説明することができません。これはコーチについても同様です。大抵の場合、プロの選手、または、それに近いレベルの人がコーチになっているようですが、教える内容がどうしても経験論に根ざしたものになってしまうようです。

経験論的な方法がまったく悪いわけではありませんが、この方法には大きな問題がひとつあります。それは、教えられる側が、なぜ、なぜと突き詰めていくと、いつかは、理屈ぬきでこうなんだよ、というところに突き当たってしまうことです。それ以上は、教えるほうも、教えられるほうも、なぜという疑問に答えることができない壁に突き当たってしまうのです。

経験論的方法でない、もっと科学的方法はないものでしょうか。科学的方法が成立するためには、その方法がよって立つ科学的原理が必要です。実験によって実証された科学的原理があって、はじめて科学的方法を適用できるのです。スウィングの場合、この原理に相当するものとして、コリオリの力が役に立ちそうです。コリオリの力をリリースのメインエンジンとすることによって、すべての体の動きを説明でき、どのようにすればそれを体得できるかを考えることができます。また、さまざまな違う分野のスウィング動作を共通の基盤のうえで比較し、そのエッセンスを探求することができそうですし、そのことによって、他の分野から新たな体の生かし方を学ぶこともできそうです。

と、大風呂敷に近いことを言っておりますが、われわれの研究グループがほぼ九年間続けて

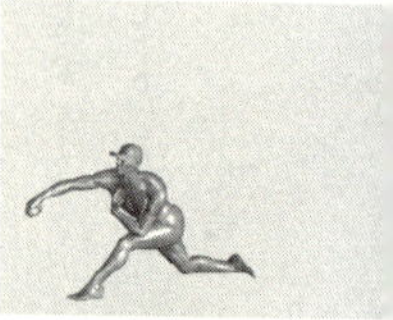

きた研究結果によれば、いまのところ、コリオリの力をメインエンジンとしてスウィングを考えることに矛盾する例は出てきていません。というわけで、当分の間、明白な反例が現れるまでは、この本に書かれた内容は正しいものとしておくことにします。「コリオリの力はリリースの原動力である」という主張が原理であって、すべての議論はそのうえに形づくられるというわけです。この原理を「スウィングの原理」ということにします。

この項のはじめにいいましたように、コリオリの力を日常生活のなかで体験することは、普通ありません。そのせいで、一番肝腎なリリースの力学的原理を見過ごしてしまったのではないかと思います。しかも、この力は、三次元的に働く力です。普通、人は、他人のスウィングフォームをある方向からしか、とらえることができません。たとえばテレビの画面にしても二次元です。普通の人が、人間の動きを三次元的にとらえるというのは、至難のわざで、よほど特殊な訓練をしなければ、無理でしょう。

さて、スウィングの原理がきまりましたので、次のステップは、その原理を生かすために、この体をどのように使ったらいいのか、ということになります。原理を生かすための道具は人間の体です。人間の体への理解なくしてスウィングの理解なしといったところです。そこで、次の節では、スウィング動作を理解するために必要な、人間の体の動きについて調べてみることにします。

スウィングの道具——人体

人間の体は実際にスウィングを実践するための道具です。この大事な道具の働きを理解することは実際のスウィング動作を理解するためにどうしても必要なことです。みなさんは普段から健康に気をつけ、さまざまなスポーツをしておられることと思いますが、そのわりには意外に自分の体を理解している方は少ないようです。最近は、ダイエットその他で、内臓の働き等には注意を払う方々が比較的増えてきているようですが、運動に深く関係する骨格とか筋肉の働きを調べて理解しようとする方は意外と少ないのではないでしょうか。運動に関わる体の働きを研究しているのは運動生理学とかスポーツ科学とかバイオ・メカニクスとかいわれる分野ですが、この分野の一般啓蒙書が少ないせいかもしれません。

しかし、この本のようにスウィングの分析をしっかりやってみようと思いますと、この基礎知識なしには一歩も前へ進めないのです。といっても、専門書ではないのですから、あまり細

かい知識をあげつらっても興味を損なうばかりで面白くありません。というわけで、ここから先しばらくは、スウィング動作に関わる体の働きについて、どうしても必要なものだけを取り上げて、おおまかに説明してみることにします。少々面倒ですが、我慢してお付き合いねがいたいと思います。

骨と筋肉の関係

人間の体には骨と筋肉がある——これは誰でも知っていることです。さらに、骨は関節でつながっている、これも誰でも知っています。小学校の理科室によく骨格標本がぶらさげてありました。ここでちょっと不思議なことがあります。この骨格標本はなぜぶらさげてあるのでしょうか。

骨格標本をぶらさげているのを切り離すとどうなるでしょう。そうです。床にぐしゃぐしゃと骨が積み重なってしまいます。なんと骨は自立しないのです。人間を真似た大方のロボット

人間の骨格

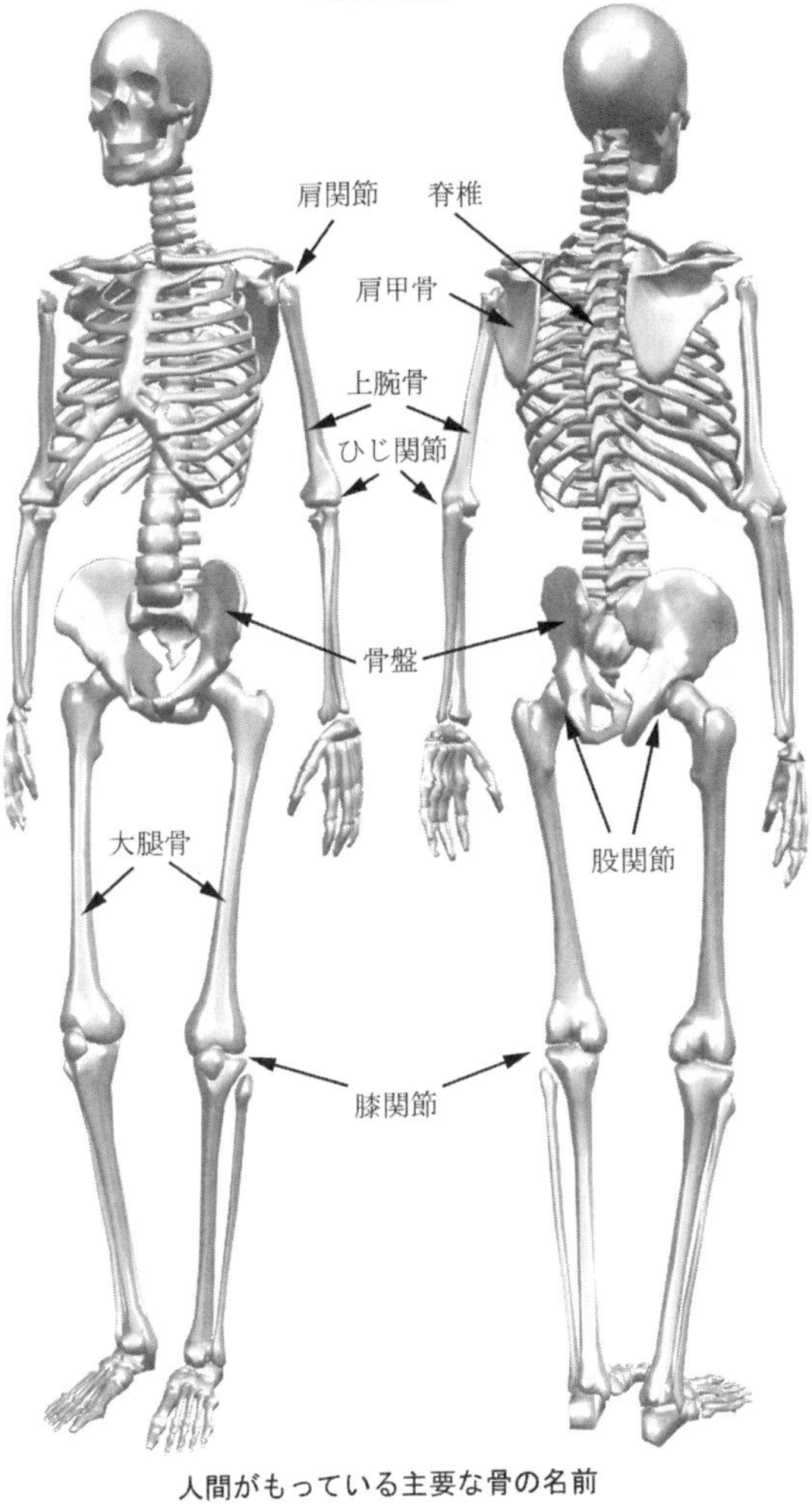

人間がもっている主要な骨の名前

は動力を切ってもその骨格で自立します。人間そっくりといいながら、肝腎かなめのところで全然違っています。このことに言及する人はあまりいないようです。

それはさておき、普通、骨のような固いものがあるからそれで支えられて立っていられる、というように考えがちですが、そうではないのです。人間が立っていられるのは実は筋肉のおかげなのです。筋肉が、骨を関節にしっかりひきつけ、重さに耐えかねて曲がりそうになる関節を曲がらないように調節するのです。

ということは、ただ立っているだけでも筋肉はいつも働いていなければならないことを意味します。体が前かがみになりかけると背中の筋肉が引っ張って後ろへもどし、後ろへ倒れそうになればお腹の筋肉が前へ引っ張って元へ戻すといった具合です。耳の中の三半規管が体がどの方向に倒れそうになっているかを検出するセンサーになっているのですが、このセンサーからの信号を脳がうけとって倒れそうになる方向とは逆の筋肉を刺激して引っ張り戻すのです。年をとって感覚も鈍ってきて、筋肉も衰えてきますと、すぐには反応できなくなります。そうすると、自分ではじっと立っているつもりでも、なんとなくゆらゆら揺れ動いてしまうということになります。ゴルフのパターなんかでは、体がふらふらしていては困ります。ゴルフの成績が年をとるにつれて悪くなるのは、こういうところにも原因があるのかもしれません。

筋肉にはこのように姿勢を保つ動きのほかに、体の形を保つ働きもあります。お腹のなかには胃や腸をはじめさまざまな内臓がおさめられています。もしおなかのまわりの筋肉がなかったとしたらどうなるでしょうか。内臓がだらりと……、あんまり想像したくないですね。つまり、人間がこの美しい体形を保てるのは筋肉のおかげなのです。

ですから、この忠実な陰の働き者を無理解にこき使うだけでは可哀相です。主人たる人間としては、この働き者の性質を理解して、あるときは優しく休ませ、あるときはその能力をいっぱいに引き出してあげる義務を負っているのではないでしょうか。

それはさておき、骨って、いったいいくつぐらいあるのでしょうか。なんと二〇〇個以上もあるのです。最低限知っていなければならない骨を挙げてみましょう。まず、肩のまわりからいきますと、上腕骨、肩甲骨、鎖骨があります。胴体には脊柱と肋骨。脊柱は脊椎と呼ばれる棒を輪切りにしたような椎骨が全部で二四個積み重なってできています。ヒップまわりには、骨盤、大腿骨があります。

さて骨格に対して筋肉のほうはどうでしょう。筋肉の数は六五〇を超えます。でもこの中に

は内臓筋と呼ばれる内臓を動かす筋肉も含まれていますから、それを除けば、残りは骨格筋と呼ばれる運動に関係する種類の筋肉で、四〇〇を超えるくらいあります。

股関節とそのまわりの筋肉

さて、骨盤の下部の左右には、寛骨臼《かんこつきゅう》と呼ばれる、丸い球状のくぼみがあって、そこに大腿骨の上端にある球状の骨頭がすっぽりはまって関節を形成しています。この関節は「股関節」と呼ばれます。

大腿骨は太く長いまっすぐな骨ですが、上端は斜めに短く折れ曲がっていて、その先に骨頭が付いています。この折れ曲がった部分は大腿骨頸部と呼ばれ、長くまっすぐな大腿骨本体部分は大腿骨幹部と呼ばれています。寛骨臼は斜め下を向いているのですが、そこに大腿骨頸部を垂直にはめこみますと、その頸部が斜めに傾いているため、大腿骨幹部は地面にまっすぐに立つことができるわけです。

大腿骨の動き

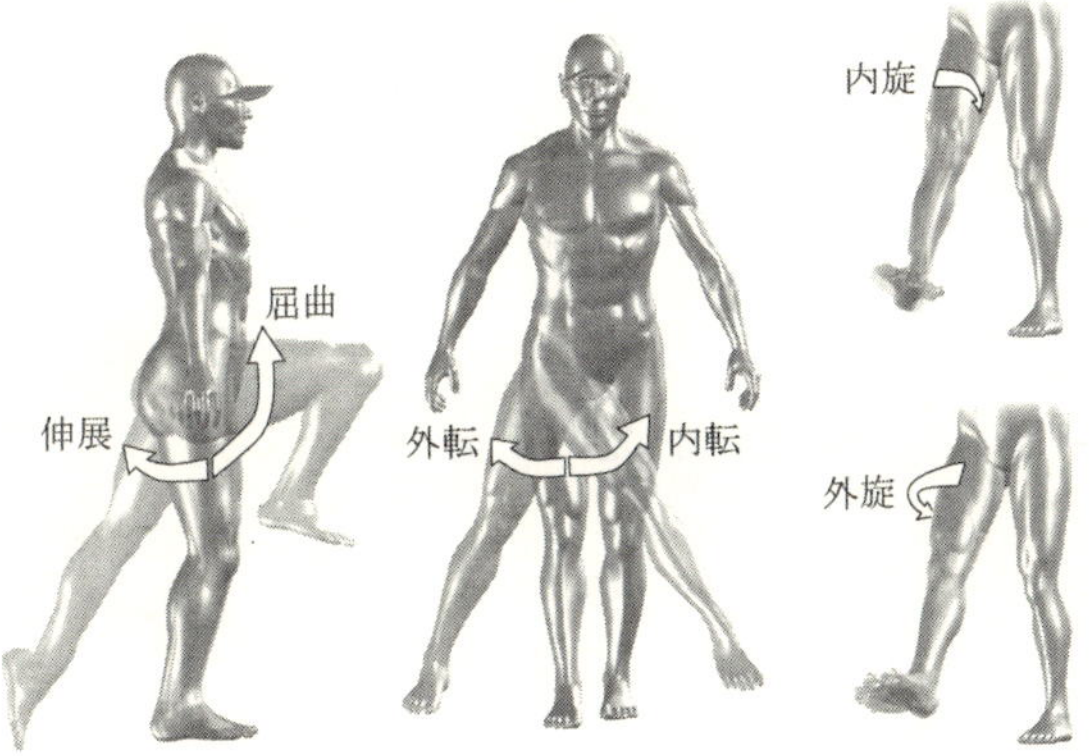

股関節は球関節で動きの自由度が高くさまざまな動きが可能

この関節は、「球関節」と呼ばれる種類の関節で、いろんな方向に自由に動けるのが特徴です。人間の体にはこの球関節が左右の股関節、左右の肩関節の四ヵ所しかありません。この球関節が人間の手足の自由な動きを可能にしているのです。

大腿骨は股関節を中心にしていろんな方向に回転できますが、この動きに名前を付けておきましょう。

まず、両足をそろえてまっすぐに立ちます。この状態で、片足の膝をまっすぐ前に持ち上げますと、大腿骨は、両方の股関節を結ぶ左右方向軸まわりに回転します。これを回転とはいわずに、「屈曲」といいます。このほうが感覚的には納得できます。次に、これとはまったく逆方向に足を動かしますと、股関節中心に大腿骨は

逆まわりに回転しますが、これを「伸展」といいます。これも、まっすぐ立った姿勢から足を真後ろに反らしますと、回転というよりいかにも伸展という感じです。

さて、またまっすぐな姿勢にもどって、こんどは、足を真横にあげます。この動作は股関節を通る前後方向軸まわりの回転になります。この動きを「外転」といいます。この逆の動作は、まっすぐの姿勢からは、足が衝突してしまいますから、できません。できませんが、ちょっとだけ足を交差させれば、衝突を回避して内側へ回転することができます。この動きを「内転」といいます。

もう一度まっすぐな姿勢にもどって、こんどは、片足をほんのちょっとだけ浮かし、そのつま先が外向きになるように、上下軸まわりに回転します。これを「外旋」といいます。この逆の動き、つま先が内向きになるように回転しますと、これが「内旋」です。

普通は、足の自由な動きはこれらの基本動作（基本回転といったほうが正確ですね）の組み合わせになるわけです。

股関節のまわりには筋肉が一六ほどあります。これをいちいち説明しても「労多くして実り少なし」なので、スウィング動作の説明に必要なものだけを取り上げることにします。

股関節まわりの基本動作に対応する筋肉群があります。屈曲に対して「屈筋群」、伸展に対して「伸筋群」、外転に対して「外転筋群」、内転に対して「内転筋群」といった具合です。外旋に対しては体の深層に「外旋筋群」がありますが、内旋については純粋に内旋筋といったものはありません。外転筋群が内旋筋の役割をも果たしています。一般に外旋筋群は内旋筋群にくらべてはるかに強力で約三倍の強さがあります。また、外転筋群も内転筋群より強力です。

肩甲骨の動き

ところで、肩甲骨が体からは浮いていて宙吊りになっていることは意外にご存知ない方が多いようです。肩甲骨はそれに付着した放射状の筋肉で体幹に宙吊りにされているのです。肩甲骨はちょうど胸郭の上の背中側にありますが、宙吊りになっているため、胸郭上を比較的自由に滑っていろんな方向に動くことができるのです。

こう書くと胸郭と肩甲骨の間は関節になっているように思えますが、そうではありません。胸郭上の筋肉を覆っている筋膜と、肩甲骨内側の筋肉を覆っている筋膜同士が、おたがいに滑りあって、自由に動けるようになっているのです。この関係は関節ではありませんが、機能と

しては関節と似ているために、「肩甲胸郭仮性関節」と呼ばれることもあります。

肩甲骨が上方向に動くことを「挙上《きょじょう》」、下方向に動くことを「下制《かせい》」といいます。なんだか難しい言い方です。でも専門用語というのは大体こんなものです(専門用語というのは、いろんな学会の中にそれを決める委員会があって、侃々諤々の議論のうちに難しいほうの言葉に決まるのです)。

それはさておき、横の動きにいきましょう。胸を張りますと肩甲骨は脊柱寄りに移動しますが、これを「内転」といいます。逆に胸を前へすぼめるようにしますと、肩甲骨は脊柱から離れて、体の横へ移動しますが、これを「外転」といいます。

手を上に挙げますと、肩甲骨は「挙上」しながら、外向き、すなわち下部が脊柱から離れ上部が脊柱に近づく方向に、回転します。この回転を「上方回旋」といいます。逆に手を下にして胸を張り気味に肩を下げますと、肩甲骨は「下制」しながら、さきほどとは逆に、内向き、すなわち下部が脊柱に近づき上部が脊柱から離れる向きに回転します。この回転を「下方回旋」といいます。

肩甲骨の動き

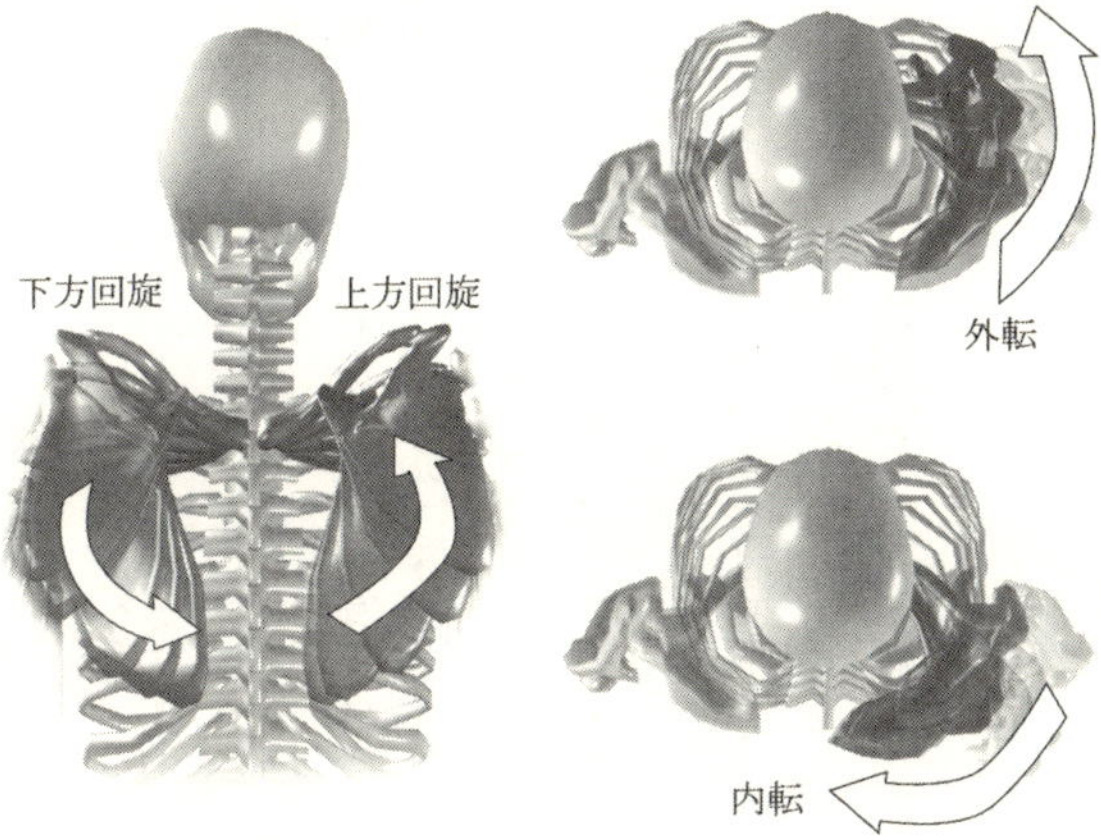

肩甲骨は背中の上を比較的自由に動くことができる

この上方回旋と下方回旋は、スウィング動作の場合、左右ペアで起こります。バッティングでの回旋を説明するときに、左右の肩を上げ下げするというのがあります。これは実は、上方回旋と下方回旋がペアで生じている現象なのです。上げ下げするというよりも、左右の肩甲骨を結ぶ線の中央、背中の胸椎の真ん中あたりを中心として、肩甲骨ペアが回転するといったイメージです。中華料理の大きなお鍋を背中に背負っていて、そのお鍋が回転すると思えばいいでしょう。

よくサッカー選手がゴールを決め、飛び上がって右腕を斜め上へ突き上げてガッツポーズをするシーンがあります。そのとき、左腕は曲がって左胸に引き付けられています。よく観察すれば、このとき、肩甲骨ペアは左回転している

のがわかります。この言い方では原因と結果が逆みたいです。肩甲骨ペアが左回転することで、右肩が上がって右腕が上へ突き上げられ、それに連動して左肩が下がり左腕が曲がって胸に引き付けられるというのがいいでしょう。

さて、この肩甲骨ペアの回転は重要ですから、これに名前を付けておくことにします。ただし、ここで付ける名前はこの本だけで通用する名前であって、ちゃんとした専門用語ではないことをお断りしておきます。

右バッター、右ピッチャーの場合を考えます。このとき、背中の肩甲骨ペアが左回転するのを「肩のペア内旋」、右回転するのを「肩のペア外旋」とします。左利きの場合は、右回転を「肩のペア内旋」、左回転を「肩のペア外旋」ということにします。

肩関節

さて、いよいよ最後の肩関節です。例によって動きの名前付けからいきましょう。

まっすぐ立って両腕をだらんと下げます。ここから、腕をまっすぐ前へ上げますとこれが「屈曲」です。逆に腕を真後ろの方へ動かしますと、これが「伸展」となります。真横へ上げれば「外転」、その逆の動きが「内転」となります。

腕をだらんと下げたまま、ひじが外向きになるように回転すると「内旋」、ひじが内側になるように回転すれば「外旋」となります。

伸張反射——ストレッチ・ショートニング・サイクル

筋肉の中には、「筋紡錘」（きんぼうすいと読みます）と呼ばれる、形がちょうどサツマイモのような紡錘形をした小さなセンサーがたくさん入っています。この筋紡錘は筋繊維と平行に並んでいて、筋繊維が縮んだり伸びたりすると、一緒に長さが変わるようになっています。この筋紡錘のひとつひとつに感覚神経の末端が繋がっているのです。そしてその筋紡錘の長さの変化、すなわち筋肉の長さの変化を、脊髄に伝えるのです。

この筋紡錘の働きは実はほとんどの人が体験しています。足が床に着かないぐらいの椅子に腰掛けた人の膝頭を、お医者さんが木槌のようなものでポンとたたくと、足がピョンと伸びる、こんなテストをされた覚えはありませんか。そうです。これが筋紡錘の働きなのです。

膝を伸ばす筋肉は大腿四頭筋といって、太ももの前側に付いていますが、その端の腱は膝頭

をまたいで膝の下に付着しています。お医者さんはその腱の上を叩いているのです。腱をポンと叩きますと、腱がへこんで、ついでにそれに繋がった大腿四頭筋を引っ張って伸ばします。すると、筋肉の中の筋紡錘が伸ばされて、この「伸ばされたよ」という情報が感覚神経から脊髄に伝えられます。すると脊髄から反射的に、収縮せよという指令が運動神経を経て、逆に、筋肉の方に刺激がフィードバックされます。そこで、筋肉が収縮して足がピョンと伸びるというわけです。

これは反射運動なので、「伸張反射」という名前がつけられています。英語では、「ストレッチ・ショートニング・サイクル」と呼ばれます。こんな反射運動が、なぜ人間の体には存在するのでしょうか。実はこれは一種の防衛機構なのです。筋肉は自分では収縮することしかできませんが、引っ張って伸ばされることはできます。変な言い方ですが、他人に引っ張って伸ばされることも、まあ言えば、一種の能力であると言えなくはありません。でも限度をこえてあまり伸ばされると筋断裂が起きてしまいます。急激に伸ばされる時などは、とくに危険です。

そこで筋肉は、急に伸ばされたことを検知して、それ以上伸ばされないように、とっさに収縮して頑張るというメカニズムが備わっているのです。映画評論家の水野晴郎さんじゃありませんが、「人間の体って素晴らしいですねー」といったところでしょうか。

この伸張反射は、スウィング動作には欠かせない重要な反射運動なので、あとでしばしば取り上げることになるでしょう。

章末コラム② 脊髄のなかの中央管制塔＝セントラル・パターン・ジェネレータ（CPG）

さきほど、骨の名前を挙げましたが、これらの骨に付いている筋肉だけでも軽く数十を超えてしまいます。ちょっと絶望的な数です。書いているほうもこれをいちいち丹念に記述するのは、なにか迷路に入り込んでしまって、「木を見て森を見ない」の諺を地でいってしまいそうです。しかしご心配にはおよびません。実は筋肉には素晴らしい性質があって、個々の筋肉がそれぞれどう動き、どうなる、というミクロなことを考えなくても、多数の筋肉をまとめて面倒をみるマクロな考え方ができるのです。しかも、人間は自分の体を動かすときに無意識にこの性質を使っているのです。

歩くときでも、どの筋肉をどう使ってどうしようなどと考える人は皆無です。まったく無意識のうちに歩いています。歩くという日常的な動作の中でも、互いに協調して活動している筋肉の数はそれこそ数十を軽く超えてしまうでしょう。こんな数の筋肉をしかも同時にコントロールするのは意識的に行えることではありません。でも、早足で歩く、ゆっくり歩く、元気に歩く、ぐったり歩く、そろそろ歩く等々、いろんな歩き方を頭で考えて意識的にやってみることはできます。おおまかな動き方を意識的に変えることはできますが、しかし、だからといって個々の筋肉の動き方を細かく意識しているわけではありません。

　しかも、いったん歩き出してしまえば、歩く動作の繰り返しはほとんど無意識に行われる――こんなことを私たちは日常茶飯事にやってのけているのです。こういうことがほとんど無意識に半自動的に行われるためには、どの筋肉が、どのように、どんな順番で、どの程度動けばいいのかという、歩くという動作に関連あるすべての筋肉の動きのパターンが、どこかに記憶されていなければ都合が悪いように思えます。

　さてそこで有力な仮説として、このパターンが脊髄のなかに記憶されているのではないかというのがあります。この記憶個所をセントラル・パターン・ジェネレータ、略して「ＣＰＧ」といっています。一種の動きの中央管制塔といったところでしょうか。

全体の神経の中心となる中枢神経系は脳と脊髄です。脳に繋がった脊髄は脊柱のなかにある脊柱管というパイプのなかに細長く伸びています。脊髄も脳の一種と考えればいいでしょう。CPGはどうもこの脊髄のなかにあるらしいのです。筋肉にいく運動神経は各脊椎の間からでています。さまざまな動きのパターンを記憶したCPGが脊髄のなかに分布していて、そのCPGから特定のパターンに関与する筋肉群へ、運動神経が分岐しながら繋がっていると想像していただければいいでしょう。脳で考えたおおまかな指令は、まずこのCPGに伝えられ、そこから各筋肉を刺激する運動神経がでているというわけです。

さて、CPGは脊髄のなかに分布していますが、この脊髄は発生学的にみれば、原始の脳なのです。動物が進化して高等になればなるほど、もっと上位の脳が発達してきます。そしてこの上位の脳が脊髄を制御してさらに複雑な動きを実現できるようにしているのです。人間でいえば、脊髄の上には脳幹があり、それに小脳がくっついていて、さらにその上には大脳があります。

たとえば、まえに述べた姿勢の保持とか歩行動作などは、主として脳幹で半自動的に行われていると考えられています。ただ、美しい姿勢を保ちたいとか優雅に歩きたいとかいった運動の全体的なイメージは大脳の支配下にあって、その指令は脳幹から脊髄へ伝えられ、イメージにあった動きが実現されるのです。イメージにあっているかどうかの判断は、さまざまな感覚神経から集まってくる情報をもとに脳が判断し、イメージにあっていなければ修正するといった具合になります。女性が大きな鏡のまえで姿勢や歩き方をチェックしているのがそれです。

神経科学の研究者たちはこの脳と運動の関わりの解明にチャレンジしていますが、この気が遠くなるほど複雑な問題も、研究者たちの地道な努力のお陰でだんだん解明されつつあります。この方面の啓蒙書で私の好きな本を挙げれば、たとえば、松波謙一先生と内藤栄一先生共著の『運動と脳』(サイエンス社発行)があります。私のいい加減な説明にあきたらない方は、ぜひお読みいただきたいと思います。

第三章　松坂大輔VS.R・ジョンソン——ピッチング分析

松坂大輔

ランディ・ジョンソン

松坂投手の場合――ピッチングの期間を分ける

松坂大輔投手のピッチングを詳しく分析してみましょう。あとあとのために、できる限り詳しく調べておくことにします。松坂投手は、日本人投手のフォームの典型的な形です。いわば、日本野球の代表と考えてください。

ピッチングはワインドアップから始まって、フォロースルーで終わりますが、ここでは分析の対象を、ワインドアップ期間とフォロースルー期間を抜いた部分としておきます。具体的には、松坂が右足一本で立って左足を高く上げた状態から、ボールリリースの瞬間までを調べます。

まずこの全体のピッチングの時間を四つの期間に分けて考えます。本当は分けて考えたくはないのです。というのは、ピッチングに限らず、すべてのスウィング動作はダイナミックなもので、瞬間瞬間の動きはそれに続く動きと切り離しては考えられないからです。とはいいながら、体の部分的な動きを全体の動きに連関させて考え、さらに、時間的にも連続的に取り扱う、というのは、説明がおもいきり複雑になってしまい、わかりにくくなってしまいます。まあ、次善の策として、説明の都合上、期間に分けて考えよう、ということであります。

さて、この四つの期間に名前をつけておくことにします。「第一の期間」を「ウェイトシフト開始期間」、「第二の期間」を「ボール振り上げ期間」、「第三の期間」を「最大外旋移行期間」、「第四の期間」を「リリース期間」とします。説明のなかでは、前後の文脈から分かるときには、「第一の期間」というように、期間につけた番号を使うこともあります。

松坂の場合、これらの期間の時間幅をチェックしてみると、それぞれ、〇・六秒、〇・二秒、〇・〇七秒、〇・〇五秒となって、全体で〇・九二秒となります。この数値は毎秒六〇コマの連続分解写真から得られたもので、したがってプラスマイナス六〇分の一秒くらいの誤差がありますが、それ以上にその日の体調などのほうが影響が大きいでしょう。その意味では、これらは平均的数値ということになります。

ビデオ録画は毎秒三〇コマですが、これをパソコンで処理すると毎秒六〇コマの連続分解写真を作ることができます。これらの数値はこの分解写真のコマ数を数えて得られたもので、コマ数でいえば、それぞれ、三六コマ、一二コマ、四コマ、三コマとなります。

それにしても、リリースの速さといったら凄まじいの一言です。前にもふれたように、この

リリースの期間に、ひじを先にして十分曲がった右腕が、一気に伸びるのですが、それがたったの〇・〇五秒とは驚きの一語に尽きます。

その前の「最大外旋移行期間」を入れても、トータルで〇・一二秒ですから、この短い時間幅を考えれば、最後の二つの期間は意図的に動作をコントロールできる限界を超えています。はっきりいえば、勝手に体が動いてしまうというところでしょう。

意識的動きと無意識的動き

さて、ピッチングのなかでどこまでが投手自身の意図的な動きで、どこまでが無意識的な動きなのかは非常に大事な問題です。

投手は、日々の練習や試合のなかで培った、自分の投球のダイナミックなイメージを持っているはずです。このイメージは脳のなかにあるはずです。このあくまでおおまかなイメージに基づいて実際のピッチングが行われるわけです。そうすると、おおまかなイメージに基づいて体を動かそうと思う自分と、それにしたがって、実際に体を動かす自分がいることになります。つまり自分の体を上から見ている脳の中にいる自分と、その下で体を動かしている自分がいると考えてください。たぶん後者は、脳幹、脊髄にいる自分なのでしょう。

ピッチング動作のなかで、これはほぼ意識的な部分、これはほぼ無意識的な部分というように、大体分けることはできそうです。

そのキーのひとつが、骨盤の動きなのです。骨盤を動かすためには両足をコントロールすることが必要不可欠ですが、この両足のコントロールを投手は意識的にやっていると考えられます。

ここでキーのひとつと申しましたが、じつはもうひとつキーとなる動きがあるのです。これは、「ウェイトシフト開始期間」と「ボール振り上げ期間」の二つの期間における、腕によるボールコントロールなのです。この期間中に投手はボールコントロールを意識的にやっているのです。

このキーとなる二つの意識的動きが全体のピッチングの動きの流れを作り出すと考えられます。キーとなるこの二つの動きは、たぶん、連合反応（二二〇ページ、コラム④参照）と伸張反射にしたがって連鎖的に、全体としての動きの流れを作り出すのでしょう。ここで、「たぶん」と申しましたのは、実際に測定したデータに基づいた実証的な説明でなく、あくまで推定に基づ

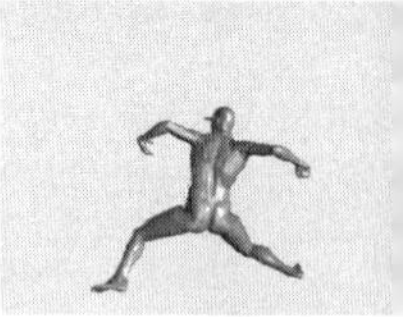

いているからです。とはいっても、この推定は、第二章のスウィング原理と体の動きの解説に基づいているという意味では、科学的根拠に基づいた推定といってもいいでしょう。

最後にもうひとつ大事な点があります。それは、頭です。

投手にとっては、この頭の位置、方向は非常に大事なものと思われます。体の筋肉、関節からの動きの感覚以上に、投げるべき標的を見据えること（視覚）はとくに重要ですし、と同時に、体のバランスをとるためには内耳にある前庭器官からの平衡感覚も重要です。頭がふらふらしていたのでは、ダイナミックな姿勢を流れるようにコントロールすることはできません。骨盤に対して、頭の位置、方向を思い通りにしっかり保つことが大事です。

投手は、投げ始めてしまえば、やるべきことはたったひとつ、「標的に向かって投げる」、これだけです。余分なことを考える余裕なんかありません。余裕がないというより、「標的にむかって投げる」、これひとつに思い切り精神集中できなければ、いい投手とはいえないでしょう。捕手のミットの中心の標的が、精神集中の結果、巨大に見えればどんなにいいでしょう。このピンポイントの標的を見据え狙う役割を担うのが頭です。ピッチングの動作を日々練習するなかで、精神集中して標的を狙えば体の動きが自然に連動していくようになるのだろうと思います。そのためにも、頭の位置がふらふらしないようにしっかり保たれるということはきわめて重要なのです。

動きの中心は骨盤

ピッチングにしろバッティングにしろ、昔から「腰が大事だ」と言われてきました。骨盤が瞬間瞬間の姿勢の中心部分を作るのです。ですから、松坂投手の分析でも、全体として動作の中心として捕らえなければならないのは「骨盤の動き」なのです。この骨盤の動きは、下肢、すなわち、両足によってつくられます。上半身は骨盤に引っ張られて動くのであって、上半身が骨盤を動かすのではありません。上半身、とくに体幹の姿勢は骨盤に対する頭の位置、方向によってきまります。頭の背中側の付け根と骨盤の中央の仙骨の上端を結ぶことで、大体の脊柱の形が類推できます。

「ウェイトシフト開始期間」と「ボール振り上げ期間」の二つの期間にわたって、骨盤と頭がどのように動いているかを、スケッチで見てみることにしましょう。このスケッチには、三つのポジションが描かれていますが、それぞれ、「ウェイトシフト開始期間」の最初、二つの期間

の境目、「ボール振り上げ期間」の最後の姿勢を示しています。

このスケッチから、非常に特徴的な二つのポイントに気がつきます。

そのひとつは、骨盤がほぼ直線的に、斜め前下方へ移動していることです。もうひとつは、頭の移動です。頭は、最初下へ移動しますが、その後は、ほぼまっすぐ前方へ移動することです。骨盤のちょうど上あたりに、体全体の重心がありますので、骨盤の動きが直線的であれば、重心移動もほぼ直線的になります。約八〇キロの松坂投手の体重は、体全体の移動を考えるときは、この重心に集中していると思っていいので、八〇キロの体重移動がほぼ直線的に行われているということになります。

これが、いわゆるウェイトシフト、すなわち体重移動です。

「慣性の法則」によれば、重たい物体の移動方向を変えようとすれば大きな力が必要になるわけですから、動きが直線的ということは余分な力を加えていないということです。右足の蹴りが前方への動きを生み出し、地球の引力が真下への動きをつくる、その合成が斜め前下方への

松坂投手の骨盤と頭の動き

松坂投手の場合、骨盤は直線的に下降するが、頭はいったん下へ沈んでから前へ移動する。その結果ヒップファーストの動きとなる

自然な体重移動を生み出すというわけです。合理的です。

このときの投手の感覚は、なにか自然に落ちていくような感じではないでしょうか。この体重移動のことを、メジャーリーグの著名なピッチングコーチのトム・ハウスは、「コントロールド・フォール」(制御された落下)、と言っています。言いえて妙です。

次に、頭の動きに注目してみましょう。

頭は司令塔です。前にもいったように、この司令塔がふらふら動いたのでは困ります。最初の「ウェイトシフト開始期間」で頭は主として下へ沈み込み、あまり前へは前進しません。そのあと、第二の「ボール振り上げ期間」中、頭は主としてまっすぐ前方へ移動します。もし捕手の方から見ていれば、この第二の期間中、頭

はほとんど静止しているように見えることでしょう。
この第二の期間は、非常に大事な準備の期間です。あと残る二つの期間は、二つ合わせても、時間的に〇・一秒をちょっと超えるくらいの短い時間幅しかないので、その間の動作はほとんど自動的に起こるものと思われます。したがって、この第二の期間でその準備が完了していなければ、ピッチングはバラバラになってしまいます。
その準備にはどんなものがあるでしょうか。見ている限り、ボールを振り上げて投げる準備に入る、体の強烈なひねりを作り出す、といったところが目に付きます。しかし、見えている動作以外に、どうやら、投げる的をしぼり狙うことも行われているようです。どこへどんなボールを投げるかというプランニングに基づいて、体全体の姿勢を制御するといった微妙な作業をやっています。このことを「ターゲッティング」と呼ぶことにします。
「ターゲッティング」を正確に行うためには、その司令塔たる頭、目の位置が動かないほうがいいわけです。というわけで、第二の期間中、頭は上下左右には動かずに固定され、「ターゲッティング」を容易にしていることになります。

さて、骨盤の回転についてはどうでしょうか。説明の前に体幹の回転の向きについて述べておきたいと思います。右回転とか左回転とかいわれてもどちら向きかわかりません。そこで右左の区別を決めておこうというわけです。体中心に考えて、右側を向く向きに回転したとき「右回転」、左を向くときは「左回転」と決めておくことにします。

第一の期間と第二の期間の境目では、捕手から見れば、体が閉じ、左のヒップ、左の背中が見えています。ということは、ヒップはやや右回転していることになります。正確に計測はできませんが、推定すれば、大体、一〇度ないし二〇度、といったところでしょうか。これが、第二の期間の終了時点では、大体二〇度ないし三〇度くらい左回転していて、体が開き、お腹側が見えています。したがって、第二の期間に、骨盤は約四五度くらい、上下軸回りに左回転することになります。

細かく見れば、まだまだいろんな動きが目に付くのですが、あまり細かく見ても煩雑になって、かえって本筋を見失うことにもなりかねませんから、これくらいにしておきましょう。

ヒップファースト

第二章で述べたように、日本の投手はヒップファーストの投げ方です。ウェイトシフトがヒ

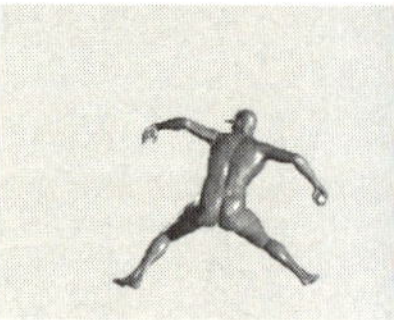

ップからスタートするわけです。これは、松坂投手の場合にも、典型的に現れています。「ウエイトシフト開始期間」の終了時点での姿勢を、一塁側から見てみると、体が「く」の字に曲がっているのがわかります。すぐ前のスケッチを参照してください。この期間の最初の姿勢は、左足を高く引き上げて直立した姿勢です。ここからゆっくり、右の股関節、右膝関節を屈曲させ、さらに右股関節を外転させながら、右足の内側で地面を蹴る、というより押すと、体は沈み込みながら前へ出ていくことになります。右股関節の外転のおかげで、体は一塁側からみて、「く」の字に曲がっていくわけです。

　この動きのなかでの筋肉群の働きについて考えてみましょう。

　右膝と右股関節を屈曲させた状態で、右足一本で立つことを考えてみます。もし、筋肉が力を発揮しなければ、地球の重力でお尻はそのままストンと落ちてしまうでしょう。膝と股関節の屈曲は、重力の作用で体が下向きに引かれるため、勝手に深まり、ストンと落ちてしまうのです。ということは、屈曲を保ったままで静止するためには、見かけとは逆に、膝と股関節が

くの字の姿勢

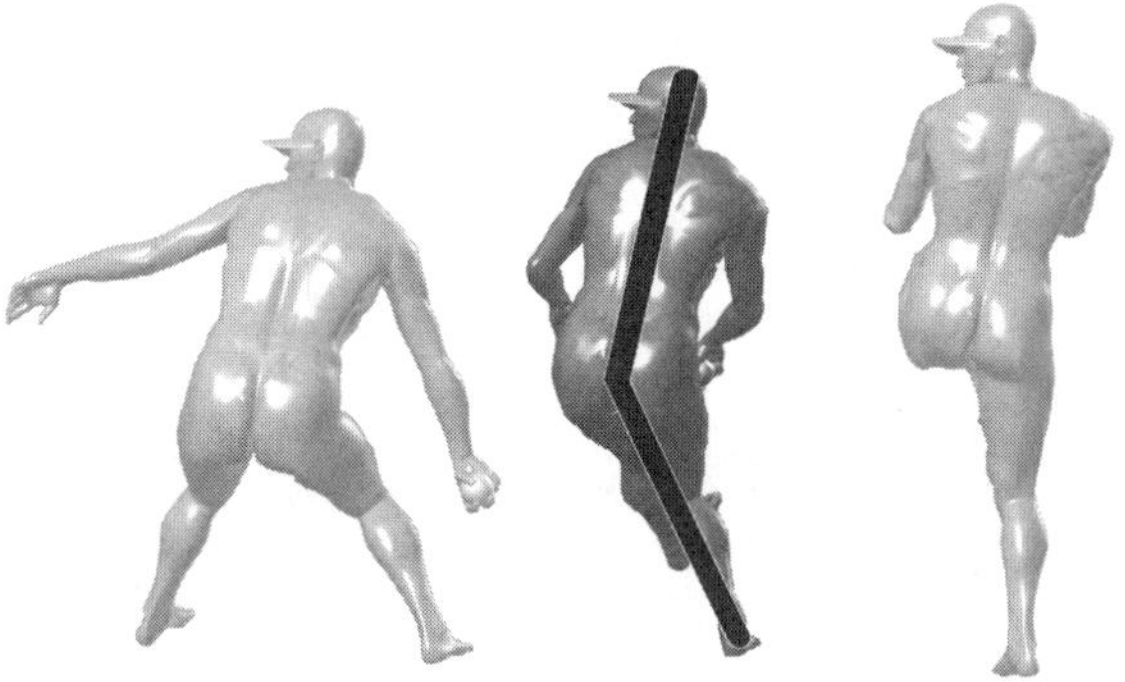

ウェイトシフト開始期間の中間で、くの字の姿勢がつくられ
ヒップファーストによるウェイトシフトが始まる

重力に負けて曲がってしまわないように、それを伸ばす方向に働く筋肉群の力が必要なのです。屈曲状態をキープするために、膝関節と股関節の伸筋群が主として働かなくてはならないのです。見かけで曲がっていくから屈筋群が働いているとするのは、単純すぎて間違っています。ただ、このようなことが起きるのは、重力が働いているからであることを忘れてはいけません。

同じことが、股関節の外転についても言えるわけです。外転状態を重力に負けないようにキープしようとすれば、内転筋群が働かなくてはならないのです。

したがって、第一の期間で右股関節が屈曲、外転しながら、右膝関節が屈曲して体がゆっくり前下方へ沈み込んでいくためには、右股関節まわりの筋肉群がほとんど全部働いていなければ

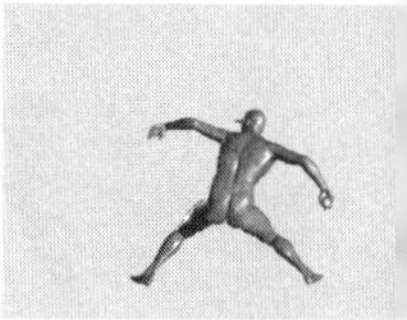

ばならないことが理解できるでしょう。

ここから、いかにお尻の筋肉がピッチングに大事かがわかります。左股関節回りの筋肉群は、主として、最後の二つの「最大外旋移行期間」と「リリース期間」に働くのですが、これもふくめて、ピッチングにとって、お尻回りの筋肉群を鍛えることの重要性は表現しようがないほどであります。ピッチャーとしてお尻が小さいというのは、太腿の太さも含めて、あまりよくありません。この点、松坂投手の場合は、プロになって以来、毎年お尻が大きくなっているようです。これは、彼がいかによく下半身をしっかり鍛えているかを表わしています。さすがに、日本を代表する投手です。

後ろから見て、「く」の字になっているということは、頭はヒップより後に残っているということでもあります。したがって、この第一の期間中、頭の前方への動きは抑えられ、主としてゆっくり下へ沈み込む動きになります。そして、この期間の終了時点で、頭の位置は「ターゲッティング」に最適の初期位置につくことになるのです。

さて、続く「ボール振り上げ期間」では、頭はターゲッティングしながら水平に直進し、ヒップは前の期間に引き続いて斜め前下方へ下降します。こういう動きが可能なのは、この期間の最初で、後ろから見て「く」の字に、右斜めに傾いていた脊柱が、前進につれて、直立していくからです。

最初にヒップから出て、あとで頭が追いつく、といった具合になっていて、全体の印象としては、ヒップファーストだということになります。

右足の役割

二つ前の項で第一の期間での右足の役割についてちょっと述べましたが、ここでは第二の期間を通じて、右足がどんな役割を果たしているのかを見ていくことにしましょう。

第二の期間では、骨盤は斜め下へ下降を続けるのですが、それと同時に、その間左回転していることが重要なのです。

この左回転は主として右股関節の外旋と伸展で引き起こされます。

これは、第二の期間の最初の姿勢と最後の姿勢を比較してみれば、一目瞭然です。この二つの姿勢のスケッチを見てください。最初、屈曲、外転していた右股関節が、最後には、伸展しているのが見てとれるでしょう。伸展にしたがって、最初、三塁側を向いていた右膝が、最後

には、ほぼ真下を向いていることがわかります。

この第二の期間中、左足は宙に浮いています。ですから、この期間中での骨盤の左回転は、主として、右足の作用と考えることができます。

この期間の最初の方で、最初正面（三塁側）を向いていた右膝はやや沈みながら地面を指すように動きます。これと同期して、骨盤は左回転を開始します。この左回転には、右股関節の外旋筋群が働いているでしょう。

外旋筋群の作用は、骨盤を、屈曲している右大腿骨に対して開くことなので、もし体重がかかっていなければ、骨盤が動くかわりに軽い右足の方が動いてしまいそうです。確かめてみましょう。

まっすぐ立って、右足を曲げて上げ、外側へ外旋させれば、右足がぐいと右回りに動いてしまいます。こんどは、右足一本で立ち、右膝と右股関節をやや屈曲させた状態をつくります。ここで、ちょっとだけ沈み込みながら、同じように右股関節の外旋をすれば、こんどは、骨盤のほうがぐいと左回りに回転します。このとき、右膝もやや左に回転することをたしかめられます。このようになるのは、右足にかかった体重が、右足のあばれを抑えるからなのです。

さて、このように右足に体重がしっかりかかっているお陰で、右股関節の外旋筋群が働けば、骨盤が左回りに回転することになります。さらに、骨盤左回転に引きずられて、右膝も左回りにやや回転しながら、下の方を向くことになります。

この最初の時期に働くのは外旋筋群だけではありません。最初の姿勢は、後ろから見て「く」の字になっていました。すなわち、右にやや外転していました。このような股関節の外転を引き起こす外転筋群の作用と拮抗しているのは内転筋群ですが、外旋にともなってこの内転筋群も働くのです。この作用のお陰で、「く」の字は解消され、体は骨盤の上に直立するようになります。

このような最初の時期が過ぎると、こんどは、大臀筋に代表される右股関節の伸筋群が主として優勢に働くようになります。ここでもお尻の筋肉大活躍です。

さて、当然、第二の期間中、体重移動は続いているわけで、そのために、右足はピッチャーズプレートを蹴る、あるいは、押し続けているのです。右足は膝が下を向くように回転するので、この蹴り、押しの動作は、最初は足先内側から始まり、徐々につま先に移り、最終的には足裏が天井を向くようになります。

ながながと説明しましたが、第二の期間の時間幅はわずか〇・二秒くらいなので、これらの作用がほとんど一瞬の間に起こるのです。その結果、骨盤は約四五度ほど左回りに回転し、いよいよ最後の投球に移るためのポジションにつくことになります。

左足の役割

第一、第二の期間を通じて、おおまかな左足の動きには、二つのパターンがあります。

まず、そのひとつは、右足との連合反応的な動きです。右足が曲がれば、左足が伸び、右足が伸びれば、左足が曲がる、といった具合です。

もうひとつのパターンは、左股関節を中心とした、左足の振り回し運動です。

最初の姿勢は右足一本で直立していて、左膝関節、左股関節は屈曲して左膝がほとんど胸につくほど高く上げられています。ここでも右足が真っ直ぐ伸びて左足が曲げられているのです。

ここからすでに述べたように、右足はゆっくり屈曲していきますが、それに同期して、左足の方は斜め下右前方の方向へ伸ばされていきます。右足が曲がって左足が伸びるというわけです。このとき左足は、足首が捕手の方を向き足先が二塁方向を向くように、内旋しています。このような動きは実際にやってみればじつに簡単にできてしまうことは容易にたしかめられます。連合反応さまさまです。

右股関節は外転して体が「く」の字をつくることは前にいいました。この「く」の字がつくられた時点で、左膝関節は完全に伸ばされ、足先は斜め下右前方を指しています。そのため、ほぼ両方の太腿は平行しています。

この状態では、左股関節は、右側と同じ程度屈曲し、さらに足先が体の右側にいっていますから内転していて、足首が捕手を指すように内旋しています。この内転と内旋が、骨盤の右回転を誘導します。このおかげで、捕手から見れば、ヒップが閉じて上半身の左側が見えるようになるわけです。これはこのあとに続くヒップの左回転のための予備動作であるということができます。左に回転するためにはまず右にひねっておけということです。これは、ジャンプするときいったん沈み込む予備動作と同じです。

このヒップ左回転のための予備動作はさらに続けられます。それが左足全体の左側への振り回し動作なのです。前の節では、このヒップ左回転に対する右足の働きを詳しく調べましたが、この左足の働きは、右足がリードするヒップ左回転動作を補助する役割を果たしているのでし

ょう。

振り回し動作は、体の右前下方にある左足を、体の左外側へもってくる動作です。この振り回しの間に、左膝は右膝と同じくらい曲げられ、最初内旋していた左足は外旋して足先が体の左前を指すようになります。また、当然、内転は解消され、やや外転気味になっています。

さて、第一の期間の終了時点では、このような左足の動作の結果、両足が骨盤中心に「ハ」の字になるように、両側にやや開かれ、両膝は同じくらい曲げられています。

ここでどうしても言及しておかなければならないのが、両腕の動きです。両足が「ハ」の字に開かれるのと同期して、両腕も「ハ」の字に開かれているのです。最初両手は、ボールを握った右手はグラブの中にあって、ちょうど胸のところにありますが、この期間の間に、両手は振り下ろされて、「ハ」の字をつくるのです。ここにも、連合反応が見られることになります。

さて、続いて第二の期間に移行するのですが、右股関節も右膝も前に言ったように、伸展していきます。ということは、連合反応によれば、左足は曲がる、すなわち、左股関節も左膝も

ハの字の姿勢

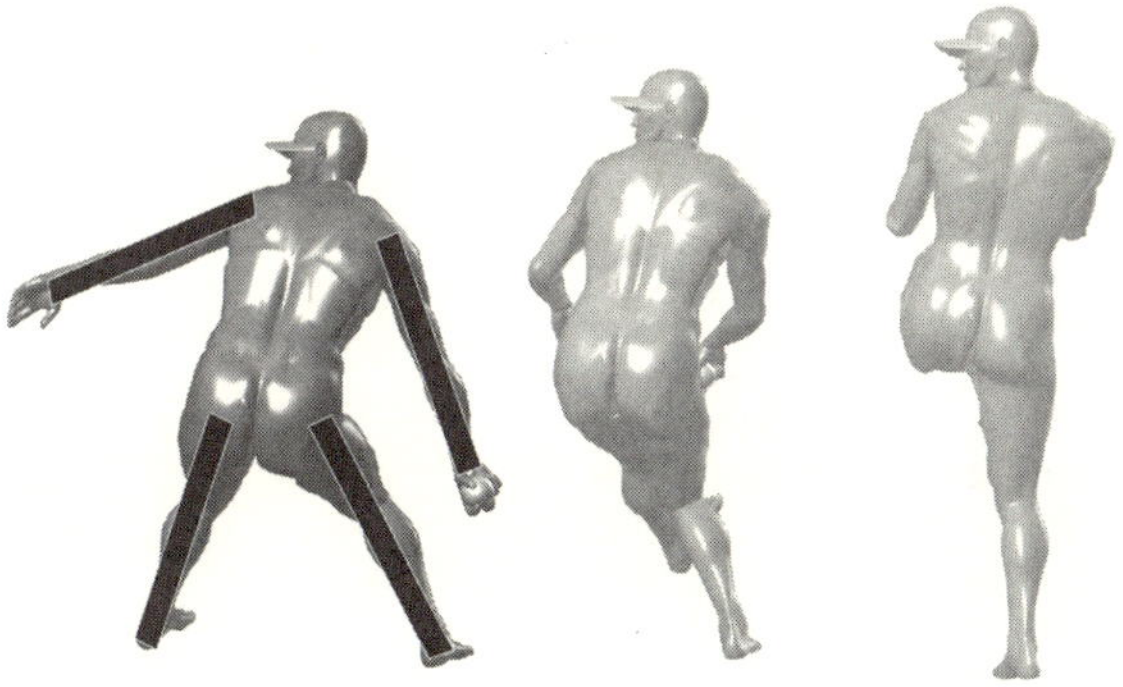

ウェイトシフト開始期間の終了時点でハの字の姿勢がつくられる。
これは次のボール振り上げのための準備姿勢である

屈曲していくことになります。

また、その間、左足の振り回し動作も連続して続けられているので、この第二の期間の終了時点では、左の足先は完全に捕手の方を指すようになります。しかも、左膝は曲げられ、左股関節も屈曲しています。

この時点で、左足はもう着地寸前です。着地を、第二の期間に入れるか、第三の期間に入れるかは、どちらでもいいように見えますが、そうではないのです。着地した瞬間に、それまで移動しつつあった体は前進をストップされます。着地した左足がこの体重移動を受け止めるわけですから、そこにはすごく大きな力が働くことになります。この力があとに続く体の鋭い回転と腕の振りに役立てられるのです。というわけで、着地の瞬間は第三の期間の開始時点とする

のがいいようです。

ボールの軌跡

これまで下半身の話に集中してきました。いよいよ、上半身の動きに注目する番です。上半身を動かすための土台作りはできているので、その土台の上で上半身がどのように動くのかが主たる話題となります。

最後の爆発的な動きに備えて、上半身はできるだけ、しなやかに柔らかく、保っておきたいところです。がちがちに力がはいっていたのでは、爆発的なパワーを発揮することはできません。

しなやかに柔らかくとは、自分から意識的に筋肉を使って形を作らない、ということです。できるかぎり、外からの力を利用して、他動的に、自然に、瞬間瞬間の姿勢が形作られるのが理想といえます。

ボール振り上げ期間の姿勢変化

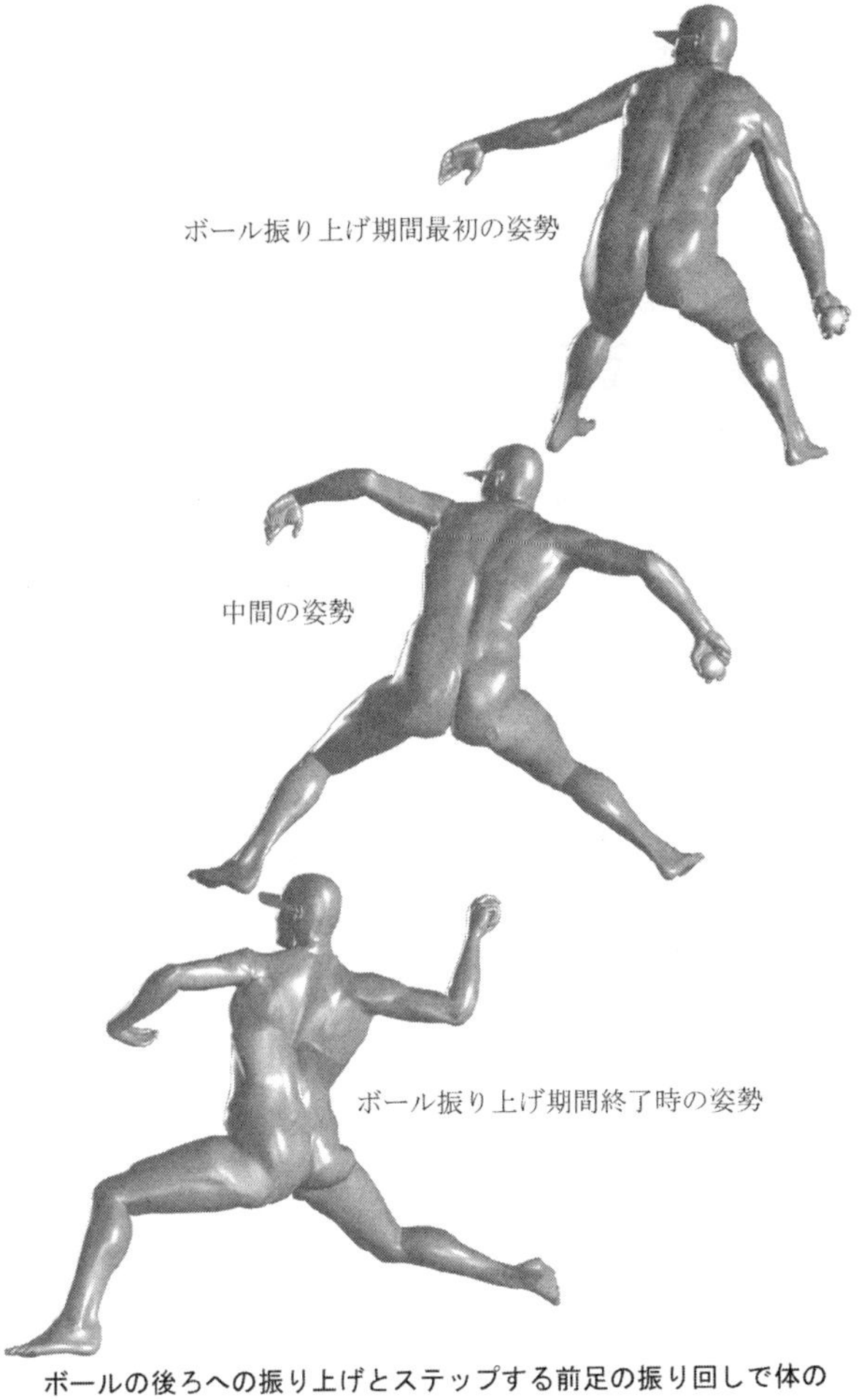

ボールの後ろへの振り上げとステップする前足の振り回しで体のひねりがつくられる

第二の期間の最初と最後の姿勢のスケッチを見てください。最初の、両肩が自然に下がり、ほんのちょっとだけ前へ曲がり気味で、胸をすぼめ気味に、骨盤の上にほとんどまっすぐに保たれている体幹が、最後には、ぐっとひねられ、胸を張り、後ろへ反り気味になっているのが見てとれます。この最後の姿勢には、弓をいっぱいに引き絞って矢を放つ寸前の緊張感が感じられます。

しなやかに柔らかく、しかも、弓で矢を放つ寸前の緊張感ある形をつくる、といえば、これに似たのに、ルアーフィッシングでの、釣竿《つりざお》の振りがあります。ルアーを狙ったところへ飛ばすためには、まず、釣竿を後ろへ振ることからスタートします。この動作のために、ルアーは後ろへ飛んでいきます。そのあいだに、こんどは、釣竿を前へ振りますと、後ろへ飛びつつあったルアーは前へ引き戻されますが、慣性の法則にしたがって、引き戻されるときにルアーは釣竿に大きな負荷を掛けることになります。このために、釣竿は大きく後ろへしなりますが、このしなった形が、緊張感のある、さあ飛ばすぞ、という姿勢になっているわけです。

さて、この例でのルアーに相当するのが、実は、ボールなのです。ボールを腕でうまく後ろへ振り上げると、その慣性によって、体幹はボールの動きに引きずられますが、同時に、下ではヒップが左へ体を回転させようとしていますから、その結果として、今言った、最後の緊張感ある姿勢が形作られるのです。ボールなくしてピッチングなし、なんか無理なこじつけのようですが、実際、ボールの慣性なしにこのようなことはできません。ボールがなければ慣性もない、だから引きずられることもない、というわけです。逆に、ボールが重過ぎると、慣性が大きすぎて、ひねられるどころか、体を壊しかねません。ルアーが重過ぎると釣竿がポキッと折れてしまいます。一四一グラムという野球のボールの重さは実によくできていると思います。

第二の期間の名前を「ボール振り上げ期間」と名前をつけたのは、このような理由からでした。

おおまかに言えば、両腕は連合反応的に動きますから、体幹の上部は両腕のコントロールによって、体幹の下部は両足のコントロールによって、大体逆向きに動かされ、その間にある体幹の中心部分は、この二つの意図的なコントロールで、他動的に自然に、ひねられるというわけです。したがって、この動きの間中、体幹をしなやかに柔らかく保つことは非常に大事なことなのです。がちがちでは最終的な体のしなりが生まれないことになります。

第一の期間の最後の時点で、両腕は「ハ」の字に開いてますが、このときどちらの腕も内旋

しています。この内旋のせいで、両方のひじは体の外側を向くことになります。これは意外に大事なことで、ひじが外向きになっているおかげで、このあと、ボールを引き上げるときひじから先にボールを引き上げることが可能になるのです。ひじから先にボールを引き上げると、なにかいいことがあるのかって？　それはあとのお楽しみとしておきましょう。

この時点で、もうひとつ大事なことがあります。右手に握ったボールの位置です。右股関節外転のおかげで、体は後ろから見て「く」の字になっていますが、そのためにボールの位置がプレートの真上あたりになっているのです。あとあとのために、ボールはできるだけ後ろのほうへ残しておこうということです。

ボールの軌跡はなぜループ状になるのか

さて、いよいよ、第二の期間、「ボール振り上げ期間」に入ります。

この期間と、続く「最大外旋移行期間」「リリース期間」でのボールの全軌跡を二通り、セカ

ボールの軌跡

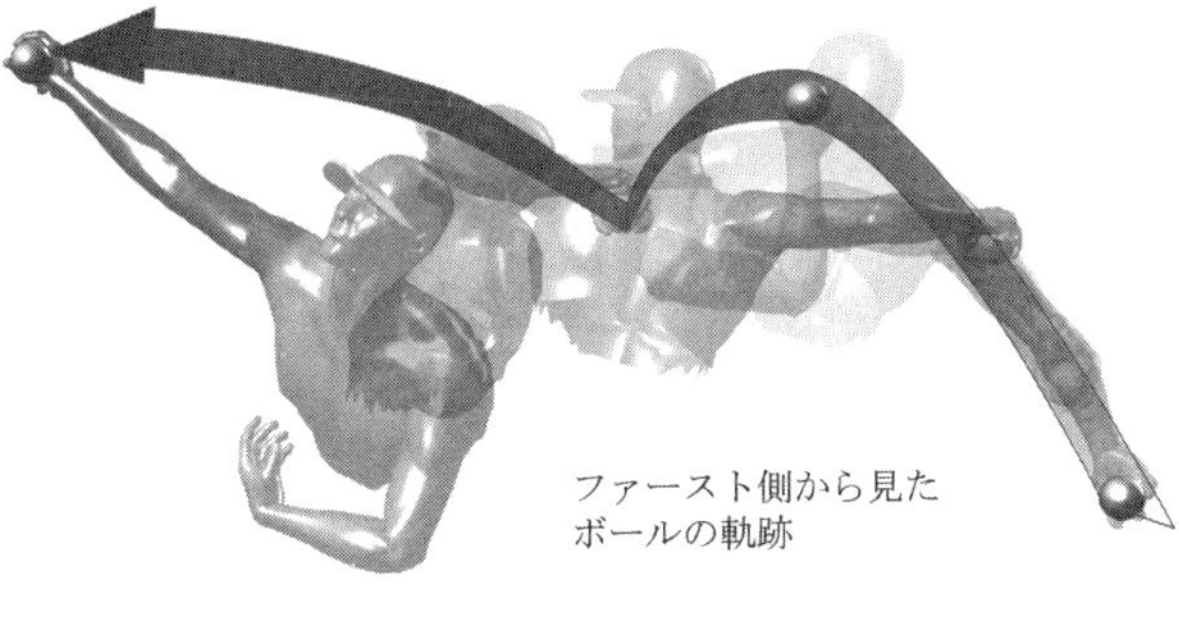

ボールの軌跡はボール振り上げから最大外旋へさらにリリースへと三つの段階からできているが、最大外旋移行直前でループするのが特徴

ンドから見たものと、ファーストから見たものをスケッチしました。
　ファーストの方から見ると、ボール軌跡は、放物線を描くように上がっていって最高点に達し、その後ちょっと下がってから、一気にリリースポイントまで駆け上がっていきます。この軌跡には特筆すべきものが見つかりません。上がって下がって上がるのか、ああそう、という感じです。

　キーになるのは、セカンド側から見た軌跡です。これはちょっと不思議な形をしています。全体として、スパイラル状の形です。まず、まっすぐ上がっていきながら、左へ回転し、最高点に達します。ここまでが第二の期間です。ボールはその後も回転を続け、最後の「リリースの期間」に相当する、斜めにまっすぐ伸びる軌跡に接するようになります。この回転する軌跡が第三の「最大外旋移行期間」にあたります。

　最初のまっすぐ上に上がる軌跡と、最後の斜めにまっすぐ駆け上がる軌跡とに、一回転するスパイラル状のループする軌跡が接しているような形をしています。ボールの軌跡を重視する

立場にたてば、期間の分割を、この三つにすればいいかも知れません。というのは、このスパイラル状の軌跡の部分が、ボールの慣性を積極的に利用している部分だからです。

またルアーフィッシングの例で考えてみましょう。さきほど、釣竿をまず後ろへ振ってその後、前へ振り出すといいました。実際には、まっすぐ後ろへ振ってまっすぐ前へ振るというようにはなっていません。実際には、後ろへ振った釣竿を、竿先がループを描くように前へ振り出すのが普通です。なぜでしょう。

もし、まっすぐ後ろへ振ってまっすぐ前へ振り出せば、ルアーはまず、まっすぐ後ろへ飛んで、その後、こんどは急激に方向を変えて、まっすぐ前へ飛び出します。この急激に逆向きに方向を変える非常に短い時間幅の間だけが、竿をしならせるために、ルアーの慣性を効果的に利用できる期間となります。

これは、的を狙うためのコントロールという観点からは、あまりうまくありません。もし、竿先がループを描いていれば、ルアーの軌跡もループを描くことになるでしょう。この場合、ループを描いている時間幅全体がルアーの慣性を利用できる期間となります。この時間幅の間に、ルアーを正確にターゲッティングし、しかも遠くへ飛ばすという二つの動作を両立させながら、竿の振りをコントロールできるようになります。

この例と同じことを実現しているのが、このボールの軌跡です。このループ状の軌跡が大き

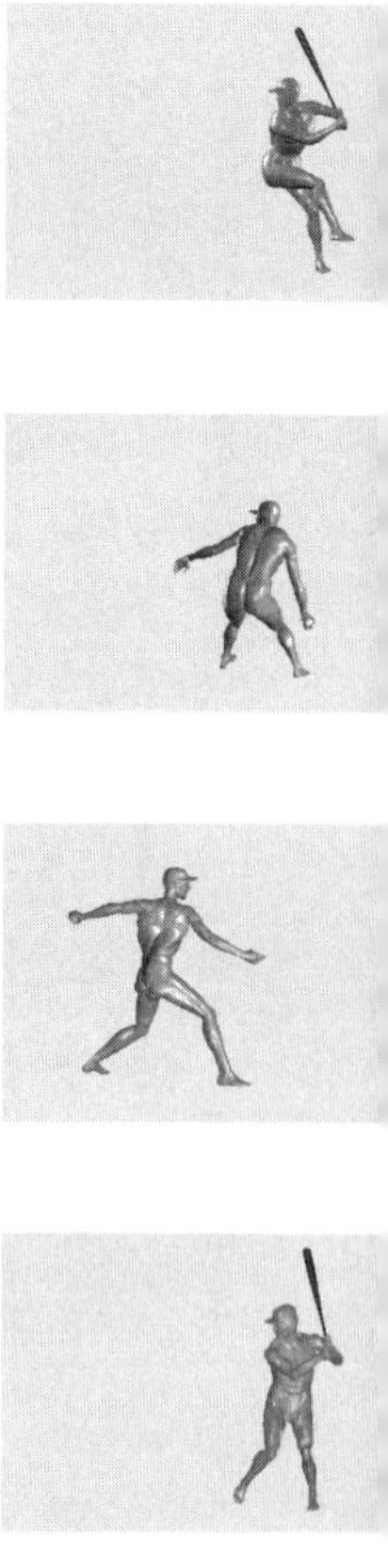

くしっかりできているのが松坂投手の大きな特徴のひとつであります。したがって、彼の場合、スピードとコントロールの両立が自然にできているわけで、たぶん、確かめたわけではありませんが、スピード重視の場合とコントロール重視の場合では、ループの大きさが変わっているのではないでしょうか。研究者としては実際、確かめてみたい意欲にかられます。

両腕の働き

さて、前項で示したようなボールの軌跡を生み出すための両腕の働きについて調べてみましょう。まず第二の期間から始めます。この期間の最初で、両腕は「ハ」の字に開かれ、どちらも内旋しています。これがスタートポイントです。

さて、左腕の方は、内旋したまままっすぐ前へ水平に上げられます。これはちょうど標的を左腕で指して狙っているようにみえます。この間、頭はまっすぐ捕手側へ移動しながらターゲッティングしつつあるので、その補助の意味もあるでしょう。

これに同期して、右腕は、ひじから先に上へ引き上げられます。このとき右ひじは徐々に屈曲していきます。ここで、大事なことがあります。それは、右ひじはまっすぐ真上へ引き上げられるのではない、ということです。右ひじは、体の後ろへ移動しながら上へ引き上げられるのです。

このような右腕の動作と同期して、左腕が動きます。この節の始めにいったように、最初は、左腕は伸びて捕手を指すように動きます。このとき、ちょうど、右腕はひじが上がり始めた状態にあります。このあと、右腕の外旋が始まりますが、これに同期して、左腕のほうは、逆に、曲がりながら内旋するのです。これは、連合反応動作です。

さて、さきほどの右腕の動作と、いまの左腕の動作を一緒にやれるでしょうか。チャレンジしてみてください。これができますと、第二の期間における両腕の動きを真似することができるわけです。

実際、第二の期間で、両腕はいま説明したように、意識的に動かされているのです。その結果が、第二の期間の最後の時点での姿勢に反映されています。

そこでは、右の肩甲骨は「下方回旋」、左の肩甲骨は「上方回旋」していて、これは、第二章で決めた「肩甲骨ペア右回旋」です。背中に背負った中華鍋が右回りに回転したイメージです。ボールは最高点まで振り上げられ、右上腕は「ゼロポジション」(二二〇ページ、コラム④参照)

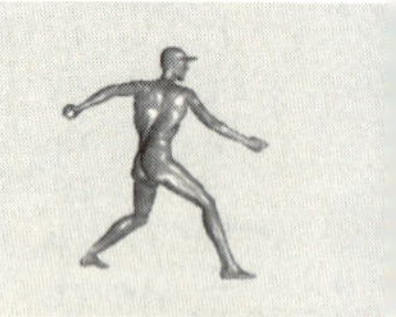

に入っていて、右半身はやや反り気味になっています。

説明だけを読みますと、この第二期間最後の姿勢が、まるで静止しているように誤解されそうですが、実際は、〇・二秒くらいの時間のなかで起こる動作で、静止しているわけがありません。早い動きの中の一瞬の姿勢なのです。

さて、ボールは上昇しながら体の真後ろへ回転していきますが、ボールには慣性がありますから、最高点に達したとき、体の真後ろ方向へ飛んでいこうとします。この慣性によって生まれる力は、右肩を後ろへ引こうとするわけです。これに対して、体幹は体重移動の最中で、この慣性は大きいので、ボールが右肩を後ろへ引こうとしても、体幹がそれによって動くことはほとんどありません。したがって、ボールによる慣性の力は、脊柱を軸にして肩を、ヒップとは逆の向きに、回転させようとする回転力になるのです。

ヒップは両足のコントロールによって左に回転し、肩はボールの両腕によるコントロールによって右に回転しようとする、したがって、その間にある胴の部分は、もしそれを、しなやかに柔らかく保っていたとしたら、上下の互いに逆の回転でひねられることになります。第二章でいった「上下逆回転ひねり」が起こるのです。

おおまかにはこのようなことですが、このひねりの内容を詳しくみれば、事態はもうちょっと複雑です。

それというのも、「肩甲骨ペア右回旋」が同時に生じているからです。体幹のひねりと同時に、背中のなかでは、右肩が下がり左肩が上がる向きのひねりが起こっているのです。

この二つのひねりによって、さまざまな筋肉群が伸張されることになります。ここにもうひとひねりが加わったとしたら、なにが起きるでしょうか。このひとひねりで、すでに伸張状態にあった筋肉群はぐいっとさらに伸張され、その結果、伸張反射が誘起されるのは、想像に難くありません。すなわち、伸展した筋肉群は一斉に収縮を始め、自動的な体の動きが誘発されることになります。

この最後のひとひねりを加えるのが、第三の期間、「最大外旋移行期間」なのです。

ぐいと最後のひとひねり

さて、いよいよ第三の期間、「最大外旋移行期間」の始まりです。この期間の最初に起こることは、着地した前足、すなわち、左足が体重移動しつつあった体の前進力をぐっと受け止める

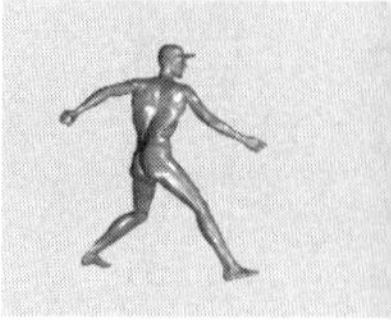

ことです。

よく、膝は頑張っているのですが、股関節が負けて体が前へ倒れこんでしまう投手がいます。このような投手は、前へボールを投げようと意識するあまりに、ひょっとすると、積極的に体を前倒ししているのかもしれません。しかし、この段階で必要なのは、体幹をできるだけまっすぐ保って、強烈に左回転することなのです。左回転なしの前倒し型ピッチングでは、最悪の「腕投げスタイル」になってしまいます。速球を投げられないピッチャーは、大なり小なりこのスタイルになっていると思われます。

この点、松坂投手はまったく違います。この第三の期間で、彼の脊柱は骨盤の上に、まっすぐに保たれ続けます。前に倒れこむことはないのです。

これは、陸上競技二〇〇メートルの最速ランナー、マイケル・ジョンソン選手のフォームを思い出させます。彼が走るとき、背筋は骨盤の上にほとんど垂直にまっすぐ保たれています。これは、私たちが走るとき、つい、体を前倒しにしてしまうのとは対照的です。CGアニメーションでも、アニメーターが、つい、体を前倒しにした走りのスタイルをデザインしてしまうことがあります。みなさんもテレビコマーシャルを注意深く見ていると、そのようなシーンを発見できると思います。これは間違いです。

さて、左足が体重移動を受け止めるといっても、そこで移動を完全にストップさせてしまうのではなく、この前進しようとする勢いを体の左回転に転化させるのが松坂投手なのです。また、体の左回転ですが、これは、左股関節を中心にして起こります。左足着地後、左股関節は強力な膝、股関節の伸展筋群によって、できるだけ動かないように固定されるのは前に言ったとおりです。体は第二の期間中、体重移動を続けています。これを、この第三の期間の最初で、固定された左股関節がぐっと受け止めるとどうなるでしょうか。

体の体重移動は、体の重心の移動と考えることができます。この重心は体の中央、骨盤の上あたりにあります。この重心を真正面から受け止めると体は止まってしまいますが、具合のいいことに、負荷を受け止めるべき左股関節の位置は、重心の位置からは、ずれています。ここで、重心の位置と左股関節を結ぶ棒を考えてみましょう。この棒の股関節側の一端は固定され、もう一端には体重移動の力が前斜め下向きにかかっています。この棒は「テコ」だと考えることができます。この「テコ」の一端を押しますと、「テコ」は他の固定端を中心にして回転します。そうです。この「テコ」の回転が、体の左股関節回りの左回転を生み出すのです。よくで

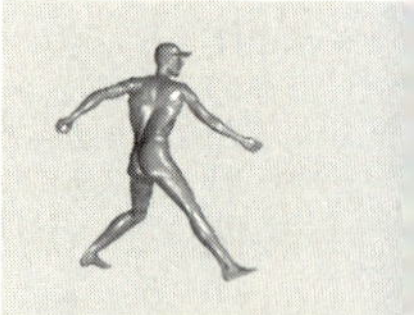

きています。左股関節の位置がふらふらしていたのでは、回転が無茶苦茶になってしまうのは容易に想像がつきます。重心位置は左股関節の位置よりやや高いところにありますから、この回転は、純然たる左回転というよりも、捕手側から見て、やや右に傾いた軸回りに起こるのです。この傾いた軸は、左腕のかいこみ動作と、左肩下がり右肩上がりの「肩甲骨ペア左回旋」によって自然に作られます。

肩の筋肉総動員

さて、右腕の振りについてもうすこし詳しく調べてみましょう。

ボールを前回りに振り上げるとき、ボールは慣性によって最高点に達したあとも、さらに回転を続けようとします。この慣性力による回転が、右腕の外部からの強制的な外旋を導くのです。

しかし、実はボールは質量が小さいため、単なるボールの慣性力だけでは、この強制的な外旋を、さらに強力に引き起こすにはまだ力がたりません。このときに役に立つのが右ひじの動きなのです。

軽い物でも、それを急に動かそうとするとすごい力が必要です。急に動かそうとすると、見かけ上、物が急に重たくなったようになります。これが慣性です。ということは、ボールを見かけ上重たくなるようにしてやればいいわけです。そのためには、ボールが動いている方向とは逆に急に引っ張ってやれば、ボールはすごく重たくなったようになります。

というわけで、右ひじをボールが動こうとしている方向とは逆になるように動かしてやれば、ボールが重たくなったように見えて、外旋力が増します。これをやっているのが、体幹の左回転と、右肩甲骨の上方回旋の組み合わせなのです。右肩はこの二つのひねりの合成によって、脊柱回りに左回転しながら、上向きに上がっていきます。それに引きずられて右ひじも脊柱回りに左回転しながら上向きに上昇します。この右ひじの動きは、ボールの回転方向とは大体逆向きで、しかも、ボールをさらに前へ引っ張る向きでもあります。これは、実際、非常に短い時間で起きることなので、大きな慣性力を生み出すことになります。

この大きな力が右上腕の強烈な外旋を引き起こすことになります。右肩関節はちょうど「ゼロポジション」（二三一ページ参照）にはいっているため、肩甲骨の回旋筋群は全部右上腕軸方向を向いていますが、これらは、最初はボールの回転慣性力で、束になって外旋方向にねじられ、

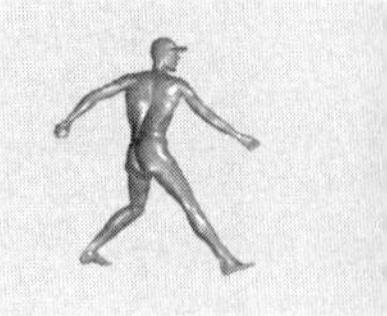

それに続く右ひじの動きによって、さらに外旋方向に強烈にねじられることになります。このねじりは、肩甲骨回旋筋だけでなく、大胸筋、三角筋、広背筋等の筋肉群についても同じように起こります。要するに、肩のまわりに付いている筋肉群は、十把《じっぱ》ひとからげに束ねられてねじられるというわけです。

どのあたりが、もうこれ以上はねじれないという最大外旋なのでしょうか。ねじれるということは、引き伸ばされるということですから、あまり強烈に外旋が進みますと、どこかの筋肉がぷちっと切れてしまいそうです。そこで、いよいよ、伸張反射の出番となります。もともと、伸張反射の役割は、伸ばされ過ぎて断裂しそうな筋肉を、それ以上伸ばされないように収縮させることでした。そうです。ねじれて引き伸ばされた筋肉群は、こんどは、自動的に伸張反射によって収縮しはじめるのです。この境目が最大外旋位置ということになります。

ねじれて最大外旋位置にはいった筋肉群は、つぎに、いっせいに収縮をはじめますが、これらの筋肉群が収縮するということは、ねじれを一気に巻き戻す作用となるのは、容易にわかります。したがって、最大外旋からあとは、右腕は、一気に内旋を開始するのです。最後のリリースは、この内旋と体の強烈な左回転による右ひじのコリオリ力伸展の結果なのです。

ジョンソンは横回転型

松坂投手のピッチングの分析をお読みになって辟易された方も多数いらっしゃったのではないでしょうか。「よくこんな複雑な動作をわずか一秒たらずの間にやってるよね、さすがプロだよ」というのが正直な印象ではないかと思います。

これに対して、ランディ・ジョンソン投手の場合は、このあとをお読みになればわかりますが「えっ、こんなに簡単なの」という印象が強いのです。これは、技巧派の投手は別として、メジャーリーグの速球派のピッチャーに共通する印象でもあります。

逆に、松坂投手が日本を代表するピッチャーであるということは、大なり小なり他の日本のピッチャーのピッチングフォームも松坂投手と共通する特徴をそなえていて、動作そのものが複雑であるという印象は否めないのです。

「シンプル・イズ・ベスト」という言葉があります。これに対して「精緻をきわめた」という言葉があります。前者の表現はジョンソンに、したがって、メジャーリーガーにぴったりですし、後者の表現は松坂に、したがって、日本の投手にぴったりしていると思いませんか。ま

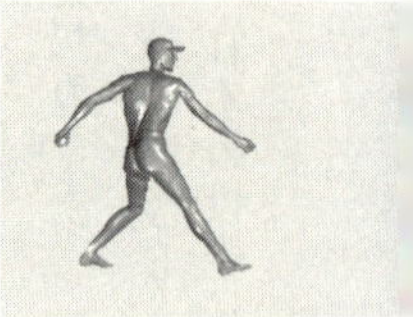

あ、表現自体も、前のものは英語が似合っていますし、後のものは日本語が似合っているなと思うのは筆者だけでしょうか。

日本の投手のピッチング・フォームは、おしなべて、前倒し型、あるいは前回転型です。大きく踏み出して、股関節中心に前方へ、ということは捕手の方へ、上半身を回転させながらボールを投げるという感じになっています。そのために、踏み出す前足のストライドの幅は大きく、腰はぐっと沈み込んでいます。できるだけ体を前へもっていって勢いをつけようということでしょう。

これに対して、メジャーリーグの投手たちは、横回転型です。体を強烈に横回転させることで、ボールを投げるといった感じになっているのです。そのために、ストライドの幅はそれほど大きくなく、腰が沈みこむこともありません。どちらかというと、ほとんど突っ立ったままという感じが強いでしょう。横回転するためには、あまり腰を沈み込ませたのではうまくいきません。踏み出した前足の膝が軽く曲がる程度でなければ、股関節まわりで横回転するのは難しいのです。

ただ、スウィングの原理が、第二章で述べたものだとするかぎり、体の横回転は、ピッチング動作のなかでかならずやらなければならない、必要不可欠の動作になります。したがって、日本の投手のように全体としては前回転型であっても、その全体動作のなかに、横回転をかならず取り入れなければならないことになります。体を前へ回転させながら、しかもその過程で横回転するといった複合動作を行うことになります。私の個人的な意見ですが、このことが日本の投手のピッチングを必要以上に難しくしているのではないか、という疑いが濃厚でありま す。でも逆にいえば、これを難なくやってのける松坂投手のピッチングが「精緻をきわめた」ものであるのは当然のことでもあります。

独自の進化をとげた松坂投手のピッチング

このようなピッチング組み立ての差は、どこから生じたのでしょうか。野球はもともとアメリカから輸入されたものなのですから、当初は、メジャーリーガーたちのピッチングフォームを真似したはずです。その後、日米それぞれに独自の進化をとげたのではないかと推測されます。もしこの歴史的変遷の過程を調べれば、なぜこのような印象の差が実際に生まれてきたのかを、具体的に示すことができそうですが、残念ながらその資料、とくに映像資料を持ち合わ

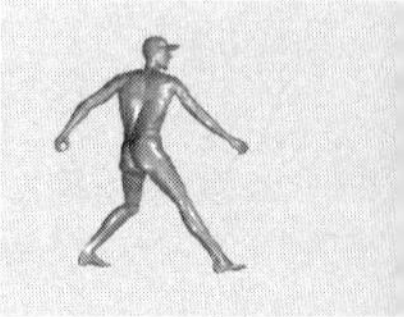

せていませんので、これから説明する内容は、ある程度推測に頼らざるをえません。

さて、前回転と横回転、その例を陸上競技にもとめれば、たとえば、砲丸投げと円盤投げといったところになるでしょう。ただ、投げるものの重さと形が全然ちがいますから、あまりいい例ではないかもしれません。

昔、ヨーロッパで騎士道華やかなりしころ、砦《とりで》攻めに「投石器」が使われました。巨大な柄《ひし》杓《やく》のようなものを作ってこれを地上に立て、柄の部分をバネにして、後ろへぐっと曲げて、それが跳ね返る反動で、お玉の部分に入れた石を投げるというものです。このイメージが、日本型というか、前倒し型、前回転型です。それに対して、馬上の騎士が、イガイガのついた鉄球に鎖をつけた武器をぶんぶん振り回して相手にぶつけるのがありますが、これが、アメリカ型、横回転型のイメージです。

さて、ボールを投げたことのない人に、ボールを投げさせますと、ほとんどの場合、手に持ったボールを肩の上から押して投げようとします。これは日本人だけでなく、世界共通ではないでしょうか。

「もっと勢いをつけて」というと、こんどは体をいったん後ろへ反らせてそのあと前倒ししながら、その反動でやはりボールを押して投げようとします。野球の始球式に出てくる人の大部分がそういう動作をします。

これはどうしてでしょうか。それはたぶん、ボールが飛んでいくイメージがまずあって、そのイメージからすると、ボールは飛行方向に押す必要があると思うからではないでしょうか。まさか、円盤投げやイガイガボールのように振り回して投げようなどという発想が最初に浮かぶとは思えません。ボールを手で握っているのですから、それを手で直接コントロールしようとするのはまったく自然なことです。

この素直なイメージが前回転型ピッチングの源泉になっているのではないでしょうか。これは、日本のスローボールを自在に操る技巧派のピッチャーに典型的に見られるように思います。彼らにとって、意識はボールそのものに集中しているようにみえます。ボールを絶妙に指先の感覚で操ることに意識が集中しているのでしょう。投げるフォームは、たしかにひじを前にだして肩の最大外旋をしているようですが、最後のぐいとひとひねりのシャープな回転は見られず、体はそのまま捕手のほうへ前倒しになっていきます。したがって、コリオリの力を効果的に生かすことは難しく、速球を期待することも難しいのです。そのかわり、ボールの指先によ

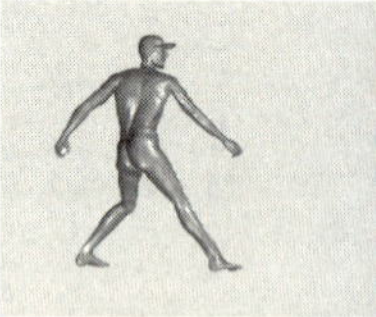

るコントロールを主眼とするというわけです。このタイプのピッチャーの典型は阪神タイガースの星野伸之投手です。

さて、横回転型のピッチングをしている投手が抱いているイメージはどんなものでしょうか。直接本人に聞くわけにはいきませんので推察してみることにします。

ボールに紐を結びつけたとします。これをだれかに渡して、「ボール投げてよ」と頼んだら、どうなるでしょう。十中八九、紐の端を手でもってボールを振り回して投げようとするにちがいありません。さきほどのイガイガの鉄球と同じです。

ランディ・ジョンソンの投げ方はこのイメージなのです。そこでは、紐に相当する部分は、ひじから先の下腕で、肩からひじまでの上腕が、紐を振り回すときの腕の役割を果たしているのです。肩からひじまでをコントロールして、ひじから先をピュンと振るということです。

紐の先のビュンビュン振り回しているボールを最後に狙ったほうへ離すときに、体をぐいと横回転させてやれば、さらにスピードが増すということになります。

ただ問題は、ひじから先をあたかも紐のように使うという発想はどうやって生まれたのかということです。最初、さまざまに試行錯誤を繰り返す過程のなかで、スピードを上げるためには体のしなり、腕のしなりがいいね、というようなことから始まり、といって、腕は釣竿ではありませんから、しなりを生むには肩からひじまでの部分をうまく使って、ひじから先を柔らかく振ればいいよ、といったようになっていったのかもしれません。これは、ピッチングの歴史のなかに隠れているのでしょう。

わが国では、昔、上手投げで上から真っ向微塵《みじん》と振り下ろすピッチャーが本格派投手と思われていました。ザトペック投法で有名だった阪神タイガースの村山実投手などその代表です。大きく前へ限界まで踏み出し、全身を使って上から投げ下ろす。考えるだけでもなんだかぞくぞくしてきます。天覧試合での長嶋、村山対決の名場面はいまでも脳裏にうかんできます。このようないわゆる、本格派上手投げ投手のスタイルは、ボールを前へ押して投げる素直な前倒し型スタイルを徹底的に昇華させたものと考えることができます。

わが国には、この、昔の野球少年たちが憧れた、本格派投手の伝統的なイメージが根強く残っているのでしょう。そのイメージを大事にしながら、そこへ合理的なスウィング原理をベースにした横回転型動作が複合・統合され、松坂投手に代表されるようなピッチングスタイルが生み出されてきたと、私は思っています。

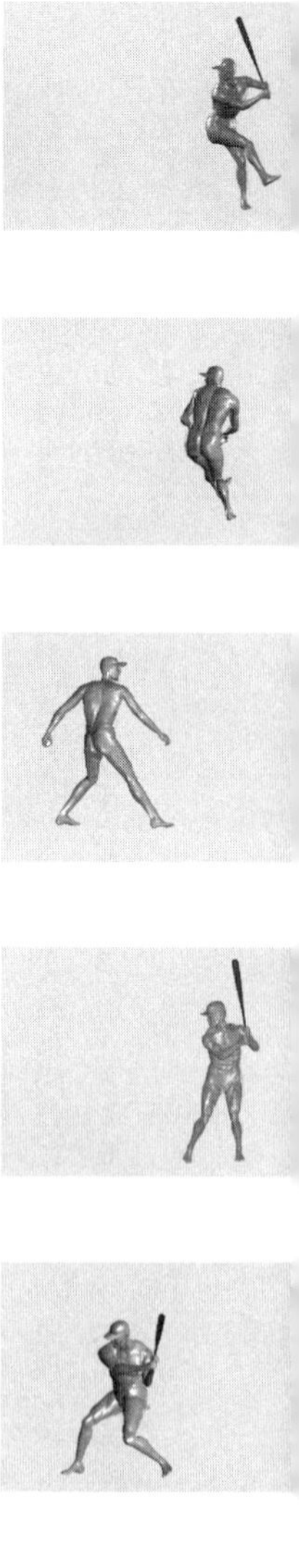

これに対して、アメリカでは、打者の豪打に対抗する豪速球が必要で、できるかぎり球速を増すために、体の横回転を効果的に利用し腕をビュンと振ることに注意が集中し、その過程で余分なものを削ぎ落としていった結果が、ランディ・ジョンソンのような、ある意味では純粋の横回転型ピッチング・スタイルをうみだしたのだろうと思います。そこには、余分なものを削ぎ落としたシンプルさと、その結果としての合理性が目立つのです。

ピッチングの期間を分ける

松坂投手のときに、全体のピッチングの期間を四つに分けました。これは、ピッチング動作が複雑なので、それを分析するのにすくなくとも四つの期間に分けることが、説明上、必要だったからです。

ランディ・ジョンソン投手の場合はどうでしょうか。これは、逆に分けにくいのです。体の使い方が横回転に徹していて、余分な動きが削ぎ落とされているために、体のひねり、ひじの振り等が、その動きの中にオーバーラップさせ易く、この部分動作のオーバーラップのせいで、動作を特徴的な期間に分けづらいということがあります。

ただ、前足(ジョンソンは左投手なので松坂とは逆に右足になりますが)を上げてウェイトシフトしている期間と、その前足が着地したあとでは、明らかにアクションが違いますから、そこで分けて考えることにしましょう。

前の例にならって、この二つの期間に名前と番号をつけておきます。まず、最初の期間を、第一の期間、あるいは、「体重移動および上下逆回転ひねり期間」とします。最後の期間を、第二の期間、あるいは、「最大外旋移行およびリリース期間」とします。

第一の期間のおおまかな動作

後述の理解を助ける意味で、第一の期間のなかで起こる動作を、ここでおおまかに見ておくことにします。この比較で、わかりづらかった松坂投手のピッチングスタイルの意味もわかりやすくなるでしょう。

着地した前足と後ろに残した軸足の歩幅が、二人を比較すると相当違っています。松坂投手の場合、その幅は、直立姿勢のときの顎から地面までの高さとほぼ同じです。これに対して、ジョンソン投手は、その幅が、大体腰の高さくらいです。

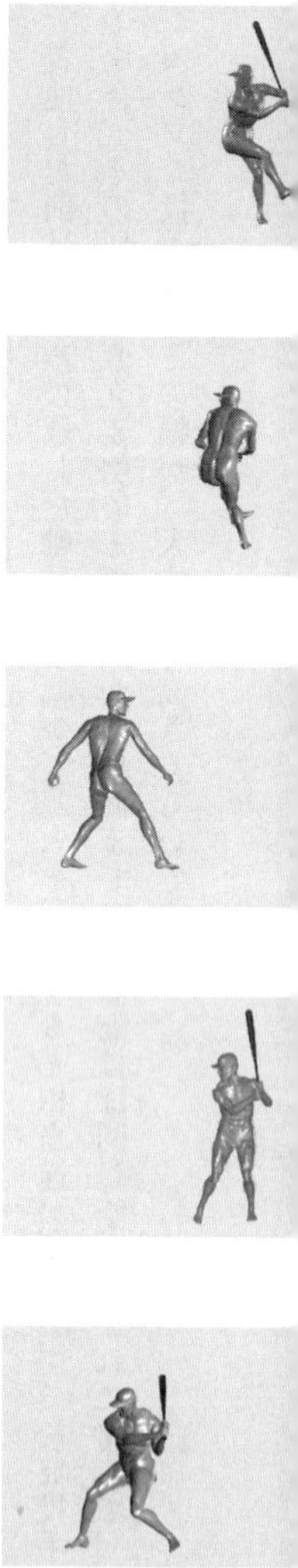

腰の位置と両足先を結ぶ三角形を考えますと、松坂投手は底辺が広く高さが低い鈍角三角形で、ジョンソン投手の場合は、ほぼ正三角形になっています。

ショルダーファースト

第一の期間でのランディ・ジョンソン投手の動きのスケッチを見てください。たしかに、「ショルダーファースト」の動きになっています。この期間中、上体はほんのすこし前傾気味なだけで、骨盤上にほぼ直立しています。とくに、前足着地の瞬間まで、胸郭あたりの姿勢はまったく変化しないといっていいほどです。

これに対して、ヒップ以下は、前足を前へ振り出しながら右へ回転させているせいで、それに引きずられて右回転します。普通は、上半身もこのヒップに引きずられて右回転してしまいそうなものですが、それを阻止しているのが左ひじの動きです。

この左ひじの第一の期間における動きをスケッチしたものを見てください。胸のところにセ

左ひじリードによる肩胸左ひねり

ジョンソン選手は左ひじを後ろへ振ることで肩と胸の部分を左にひねる。「上下逆回転ひねり」の上の部分のひねりがこれで完成

右足振り回しによるヒップ右回転

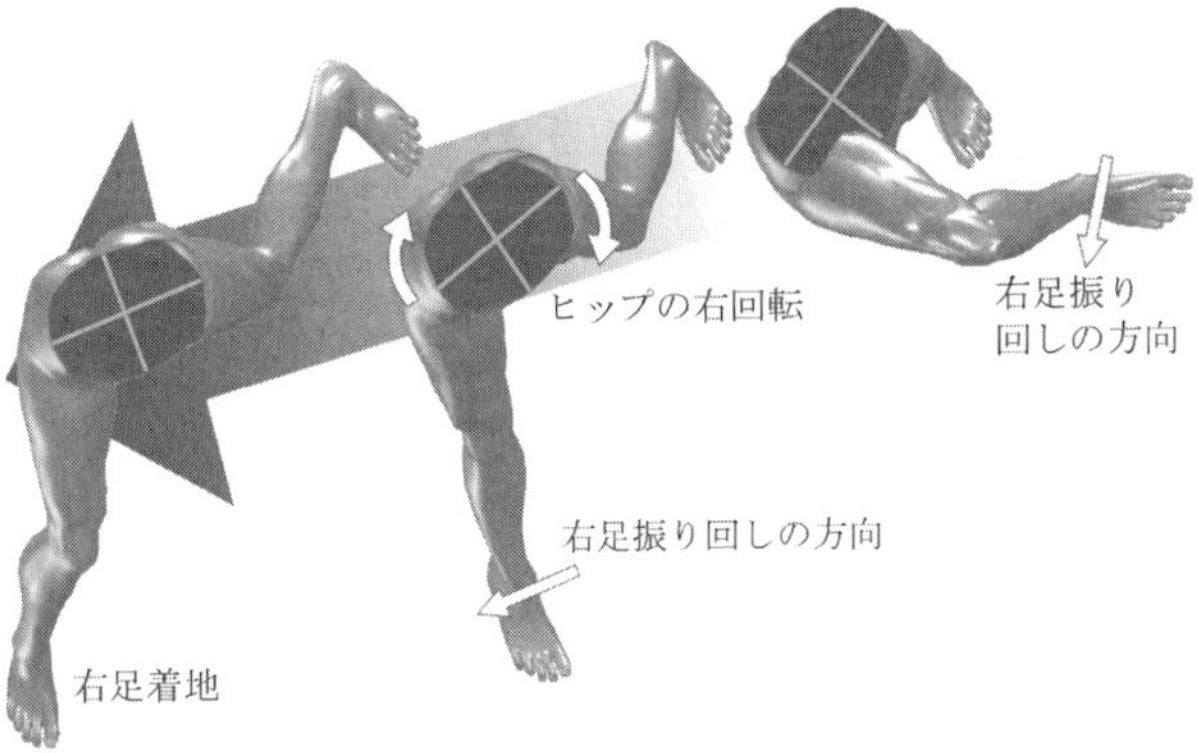

ジョンソン選手はステップのとき右足を振り回すことでヒップの右回転を引き起こす。これで「上下逆回転ひねり」の下の部分が完成

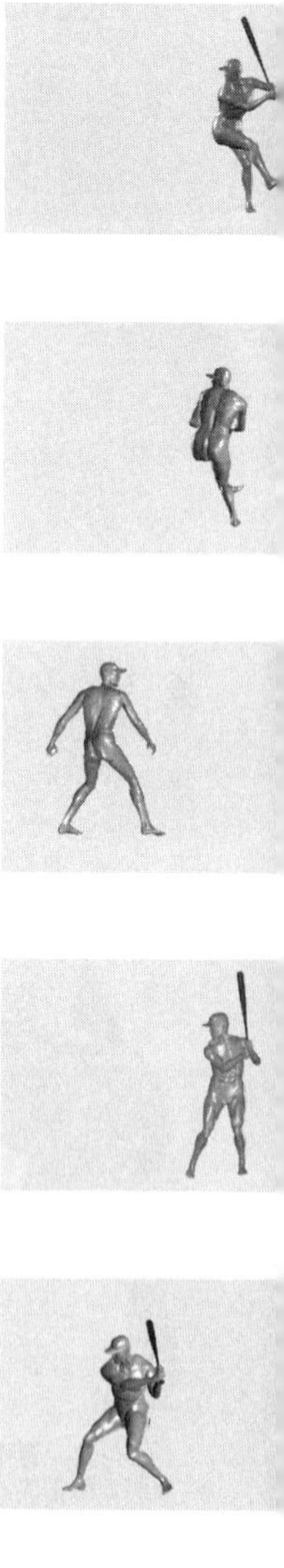

ットポジションのように構えた最初の位置から、いったんやや下がって上がる傾向はあるものの、全体としては、同じ高さのまま左回転しているのが見てとれます。右のひじは、この間、左ひじの作用を邪魔しないように、ただまっすぐ捕手のほうへ上げられるだけです。

　この左ひじの左回転は肩のラインを左へ回転させる作用を生み出し、これに対して、ヒップは右回転しようとしていますから、お腹のあたりはぐっとひねられることになります。また、この上下の逆回転作用で、胸郭あたりは最初の姿勢にちかいところに保たれるのです。

　このような、「上下逆回転ひねり」を生み出すためには、体重移動の間、骨盤から上の脊柱を軸とする姿勢を直立に近い状態に保つ必要があります。というのは、このヒップの右回転は、左股関節の上に乗った骨盤の右外旋によって起こるのは歴然としていますから、左側の股関節外旋筋群をうまくはたらかせるため、まっすぐ立った姿勢に近いほうが有利なのです。

　というわけで、第一の体重移動の間に、捕手からみれば、「ショルダーファースト」に見えるのは当然という結論になります。

着地した瞬間には、移動してきた体重を着地した前足（この場合右足ですが）でしっかり受け止めなければならないのは、松坂投手の場合と同様であるのは当たり前のことです。この受け止めた体重のもつ「並進」のエネルギーを、松坂投手の場合と同様、回転のエネルギーに転化しなければなりません。ここで「並進」という聴きなれない言葉が出てきましたが、物理学では直進運動のことを「並進運動」といいますので、その表現を使いました。

この並進から回転への転化のプロセスは、松坂投手のところで説明したように、第一の期間ではなく、第二の期間の最初に入れるのがいいでしょう。

頭と骨盤の動き

おおまかな動きは頭に入ったとして、もうすこし詳しく、第一と第二の期間での頭と骨盤の動きについて調べましょう。スケッチを見てください。

スケッチから第一の期間中に、頭も骨盤もほぼ直線的に前進しながら下降しているのがわかります。頭と骨盤がまったく平行に動きますから、その間、脊柱のラインは、脊柱軸回りの回転は別として、まっすぐのままということになります。

松坂投手の場合の最初の二つの期間全体にわたる動きが、ランディ・ジョンソン投手の第一の期間の動きに対応しています。松坂投手の場合には、その二つの期間にわたる頭の軌跡と骨

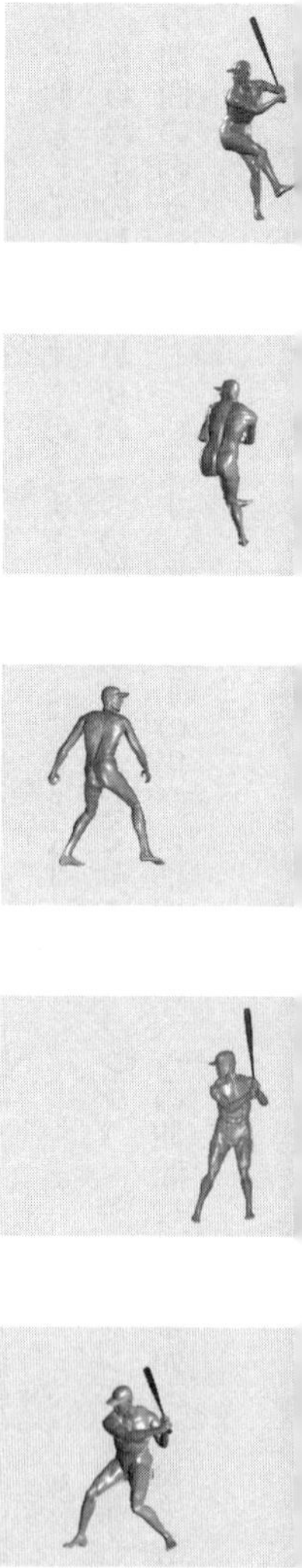

盤の軌跡が異なっているということがありました。ランディ・ジョンソン投手の場合、その特徴は見られないのです。ここでも動きのシンプルさが見てとれます。

松坂投手の場合、投球開始のワインドアップから、左足を高く引き上げて第一の期間に入るとき、一時静止する瞬間があるため、分析のときに、ワインドアップの期間を省略できました。ところが、ランディ・ジョンソン投手の場合、投球開始からそのあとの「第一の期間」に入るときに、静止しているところがないのです。そのため、第一の期間の最初の時点がどこかということについて、やや疑問の点があります。

というわけで、この本では、第一の期間の最初の時点を、前足の膝が一番高く上がった時点に設定しています。この時点から測りますと、第一の期間の時間幅は、〇・五三秒、毎秒六〇コマのコマ数で三二コマとなりました。大体〇・五秒です。ちなみに、投球開始から第一の期間の最初までのコマ数は、四三コマ、〇・七二秒でした。両方足しても約一・三秒ほどですから、これは短いです。ついでに、リリースの期間のコマ数は、一一コマ、〇・一八秒です。そ

ショルダーファースト

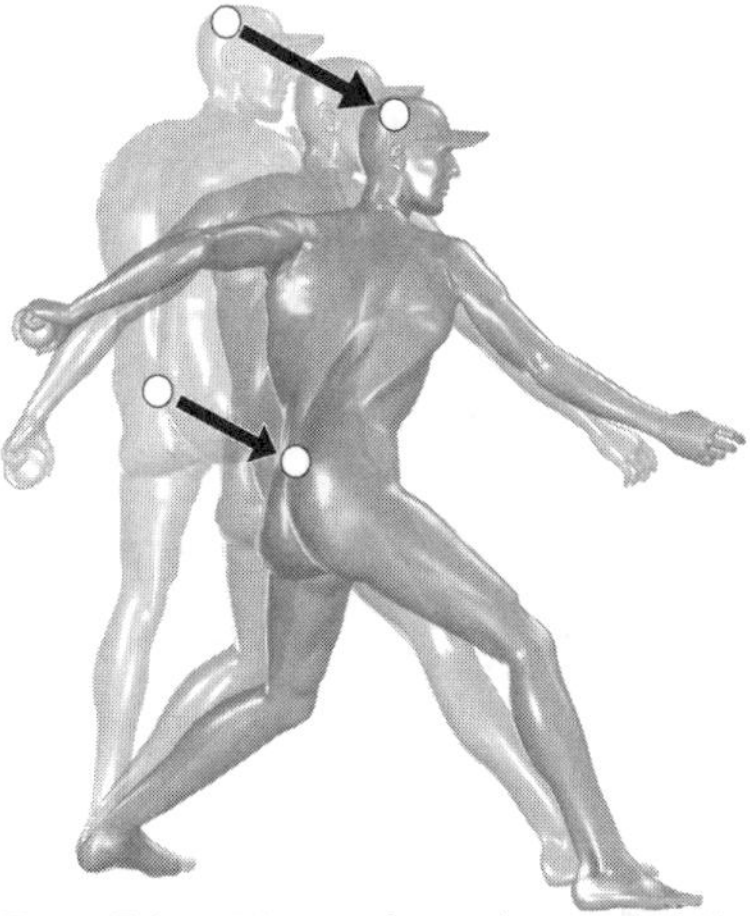

ジョンソン選手の場合、頭とヒップはほぼ平行に直線的に下降する

うすると、全部足しても、約一・五秒、足が上がってから、たったの〇・七秒ほどです。これでは、バッターにしてみれば、あっと思ったら投げていたという印象に近いのではないでしょうか。これで、一六〇キロを超える速球を投げられたのでは、タイミングが取りづらいでしょう。

さて、第二の期間では、頭と骨盤の動きはどうなっているでしょう。スケッチには第二の期間での動きが描かれていません。というのは、この期間中、頭と右股関節はほとんど空間位置が固定されていて、単に骨盤が右股関節を中心に左回転するというようになっていて、スケッチに重ね書きすると見づらくなってしまうので、省略したのです。

骨盤は、第一の期間でほぼ四五度ほど右回転します。捕手から見れば、最初、やや右のヒッ

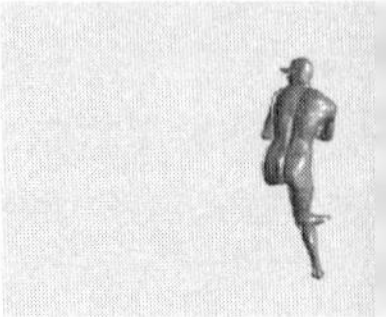
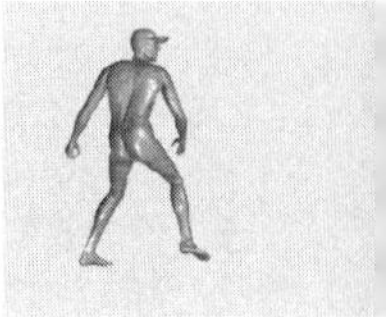

プが見えていた状態から、回転が始まって、前足着地の瞬間には、お腹が見える程度になっていることになります。そのあとの短いリリースの期間に、骨盤は、さらに速いスピードで右回転します。この第二の期間の回転角は、ほぼ九〇度ほどです。

第二の期間では、頭の位置と右股関節位置はほぼ固定されていますから、骨盤だけが九〇度ほど右回転し、それが首から下の体幹の鋭い右回転を引き起こすのです。この回転はほぼ純粋な回転動作で、体の側屈とか、前屈のような余分な動作を伴うことはありません。スウィング原理で必要とされる二重回旋のうち、第一回旋にあたる体の回旋が、ほぼ純粋な形で実現されているといえます。もし、これに、第一回旋軸と直交する軸回りの第二回旋、すなわち左腕の内旋がともなえば理想的です。ランディ・ジョンソン投手の場合、これも見事に実現されているのです。

第一の期間中に、お腹のあたりは前述した「上下逆回転ひねり」でひねられ、したがって、体を「ひねり戻す」ための筋肉群は伸張されています。具体的には、たとえば、右外腹斜筋や左内腹斜筋などでしょうか。これらは、模型飛行機のプロペラをねじって巻かれたゴムのようになっていて、巻き戻ってプロペラを回転させる動作に似ています。筋肉はゴムではありませんから、巻き戻るパワーを生み出すためには、もうひとつ、ぐいとひとひねりを瞬間的に加えて、伸張反射を引き起こす必要があります。筋肉がもうひとつぐぐっと引き伸ばされればビックリして反射的に縮む、結果として、体が巻き戻されるということになり、鋭い最後の体幹右回転が引き起こされるのです。

この「ぐいと最後のひとひねり」は、松坂投手の場合と同じように、着地した前足がその股関節（ランディ・ジョンソン投手の場合右股関節ですが）をしっかり空間に固定し、これを中心にして、移動してきた体の重心がテコのように回転することによって、引き起こされます。したがって、前足着地の瞬間から骨盤は急激に右股関節中心に右回転を開始し、短い第二の期間に約九〇度も回転してしまうのです。

なにか最後の回転が勝手に起こるように書いてしまいましたが、そうではありません。あくまで、このテコ回転作用は、強力な体幹右回転を引き起こすきっかけとなるもので、実際には、右のお尻回りの回旋筋群が力を発揮しなければならないのは当然であります。自分の意識としては、前足が体重を受け止めた瞬間に始まる体の右回転に乗っかっていくようにお尻回りの筋肉群を働かせるということでしょうか。筋肉群が、なにかをきっかけにして動きはじめれば、筋紡錘等の感覚神経経由でその動きを認識し、それにオーバーライドするように、その動きを助長する方向にさらに筋肉群を働かせる、となっているのだと考えられます。

さて、この急激な骨盤の右回転が、体側の回旋筋群の伸張反射を引き起こし、まるでプロペラが巻き戻るように、体幹の右回転が始まります。これは、このまま体の上部の右回転につながっていくことになりますが、この下から上への動作の波及、というか、動作の連鎖だけでは、まだ不足なのです。まだ不足というより、この動きを助長する肩の動きがあるのです。下からも右回転を起こし、上からもその動きを助けるというわけです。

この上からの動きは、右腕で作られます。第一の期間で、捕手のほうへ上げられていた右腕が、第二の期間で、体の右回転をさらにサポートするように、右後ろへ振られます。この右腕の動きも、右ひじ主導で行われます。この右ひじは、スケッチでわかるように、まるで、走るときにひじを体の後ろへ振るような動きをしています。これは、スピードスケートの選手がスタートダッシュするときの、腕の振りによく似ています。

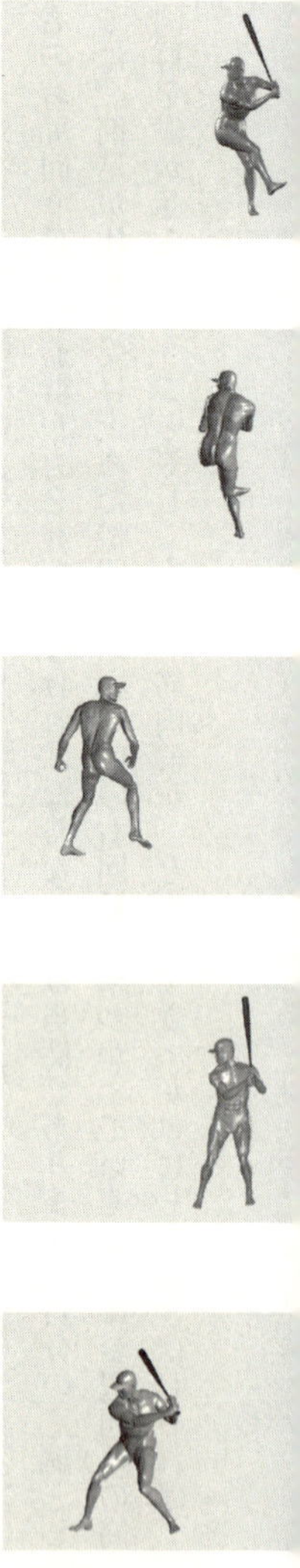

この右ひじの振りは、肩の右回転を助けます。この上からの右回転サポートと下からのひねり戻しがあいまって、強烈な体幹の右回転が引き起こされるのです。

特筆すべきは、この右回転の間、頭はほぼ捕手を見据えて静止状態にあり、空間位置が変わらないということです。第一の期間では、頭は下降しながら前進していましたから、この第二の期間の頭の静止状態の間が、ボールのコントロールに関わる大事な期間なのではないでしょうか。体重移動の間に大体のボールコントロールのイメージを定め、頭が静止状態に入ったところから、コントロールの仕上げを行うのではないでしょうか。これについては、体の動きからは窺い知ることはできないので、あくまで推測にすぎません。

松坂投手の場合は、第二の期間で頭は捕手を見据えながらまっすぐ前進し、あとの第三、第四の期間では、頭は左前へ移動しながら視線も捕手から左へ外れていきます。したがって、この第二の期間が、主たるボールコントロールの期間ではないか、と推測したのです。

この推測が正しければの話ですが、ボールコントロールについても日米の差異があるように思います。

ボールを握ったひじの動き

前の節までに、スウィング原理から要請される二重回旋のうち、第一回旋に相当する体の右回

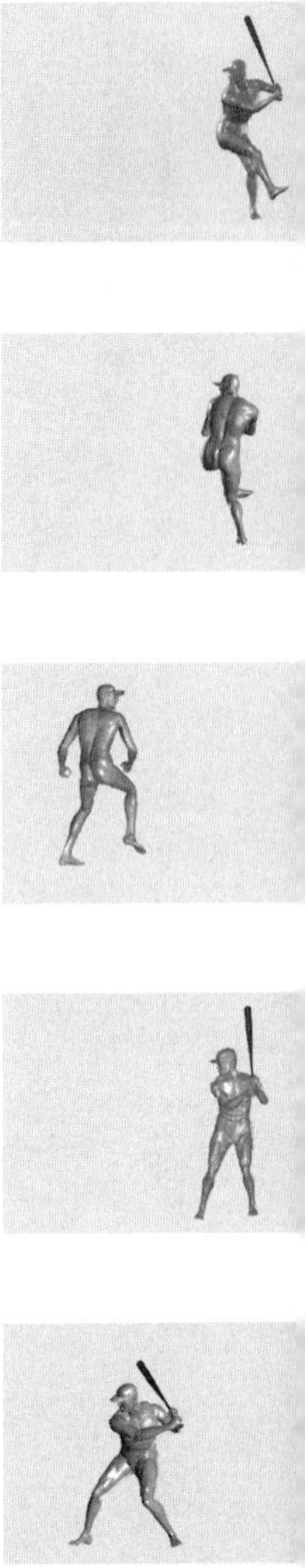

転を説明しました。もうひとつ必要な第二の回旋は、ボールを握った左上腕の内旋です（右左についてはランディ・ジョンソンが左投手であることに注意してください）。この二つの回転の回転軸は直交しているほうがいいのは第二章に述べた通りです。この二つの回転が同時に起これば、曲がった左ひじが猛烈な勢いで伸展され、握ったボールが加速されるということになるわけです。

この左上腕の内旋を引き起こすためには、二つの動作が必要です。ひとつは、左上腕を「ゼロポジション（二二〇ページ、コラム④参照）」にセットすることであり、もうひとつは、左上腕をその後の内旋に備えてまず外旋させることです。この二つは、松坂投手であれランディ・ジョンソン投手であれ、ボールを握った腕に必須の動作です。

松坂投手の場合、これを第三の「最大外旋移行期間」にやっているのですが、これは第四の「リリース期間」での内旋運動へスムーズに移行していきます。この二つの期間をわざわざ分けたのはあくまで説明の都合上からであって、説明が簡単にすむのなら、分ける必要はなかったのです。

ランディ・ジョンソン投手の場合、何回もいうように、余分な動作が削ぎ落とされているぶん、動作がシンプルになって、この期間をわざわざ分割しなくてもいいので、腕の基本的な二つの動作とそのあとの内旋は、第二の期間にまとめて起こります。

といってこの動作をながながと言葉で説明するのも気がひけます。というのは、私はたまに講演を頼まれるのですが、そこでは、いつも自分の体を使って実演し、百聞は一見に如かずというわけで実際に聴衆のみなさんに見ていただいているのです。これは非常にわかりやすいのですが、残念ながら本ではそういうわけにもいきません。そこで、みなさんがご自分の体でやれるエクササイズを通じて理解していただこうと考えました。

右利きの方のほうが多いと思いますので、エクササイズは右投げスタイルで考えましょう。自然体にリラックスして立ちましょう。右手にボールを握って(ボールでなくともなにか丸いもの、たとえば紙を丸めたものでもいいです。なにか握っているほうが実感がでます)、左手はグラブを嵌めたつもりで、セットポジションに構えます。握った右手を左手で上から包み、胸の前へもってきて、両ひじは下げて両方の脇が自然に締まった状態です。こういうと不謹慎のようですが、なにか神様にお祈りを捧げるようなスタイルです。顔はとりあえず前を向いたままでいいです。

ここから、右手を下へポトンと落としてください。右ひじが自然に伸びて、右手が落っこちた勢いで右腕全体がやや体の右真横に開きます。両方の手でこれをやれば、両腕はちょうど「ハ」

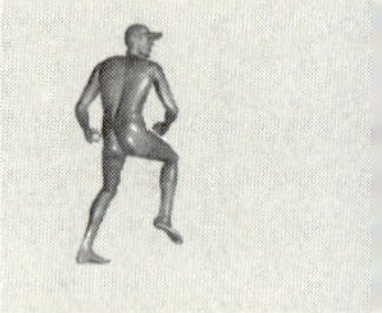
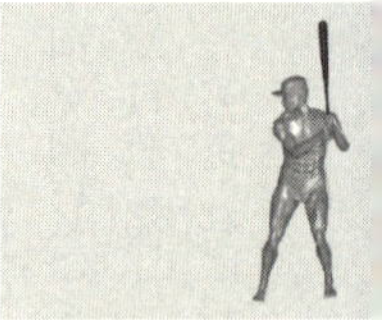

の字になるように開くはずです。右ひじの動きを体感しようとしているので、ここでは、左手は動かさなくてもいいです。

落っこちた勢いで右ひじが伸びてしまったあたりから、こんどは右ひじを、意識的に、体の真横、肩の高さまで引き上げてください。肩からひじまでのラインが、両肩のラインの延長線のようになって地面に平行になるまでです。このようにすれば、右腕は伸びたまま円を描くように右真横に上がっていきますが、まっすぐ真横に右手が上がったあたりから、やはり意識的に、右ひじを上へ曲げてボールが耳の真横にくるようにしてください。

この動作全体をできるだけ力を抜いて行うことが重要です。意識的に動かすところが二つありますが、これも、そこまでの動きに乗っかるような感じで、動き全体を強調するような感じでやることが重要です。

ここまでの動きは、実は、ランディ・ジョンソン投手が、第一の期間にやっていることなのです。エクササイズでは、体は前を向いて静止したままですが、もし、顔を左へ向けて、左側

ジョンソン流ピッチングのエクササイズ

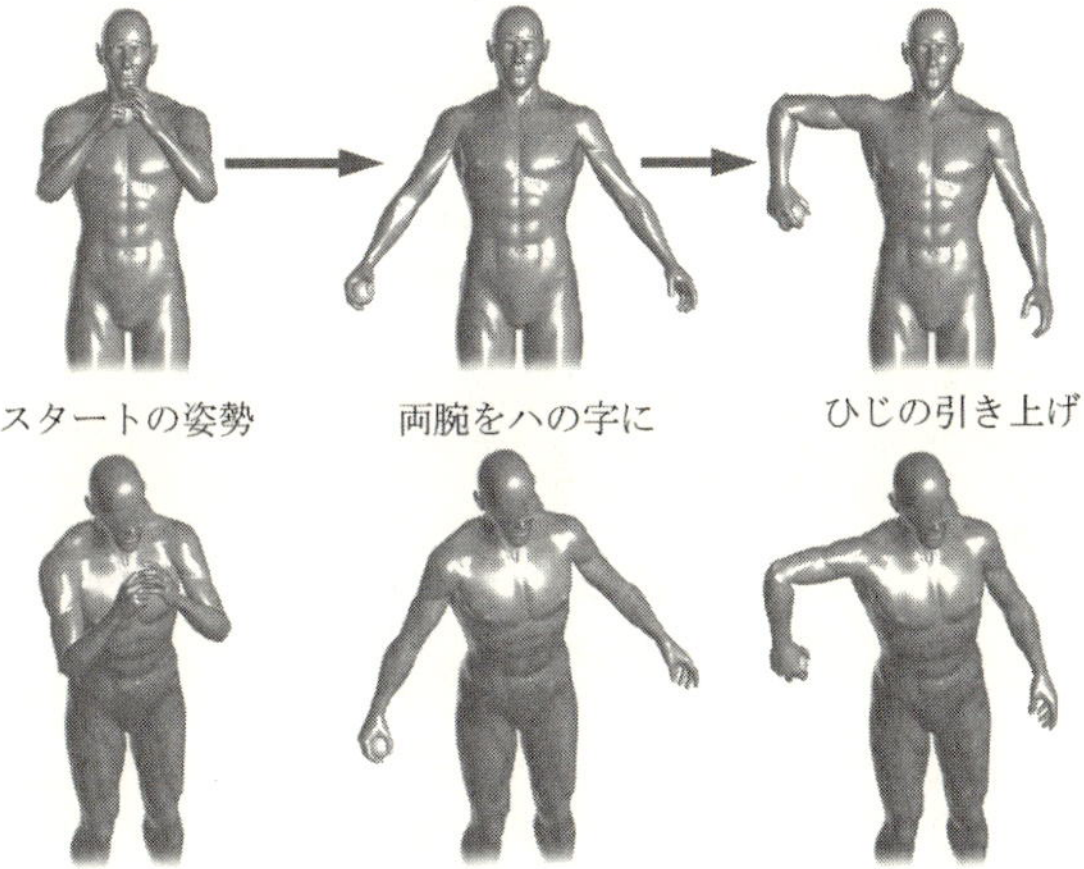

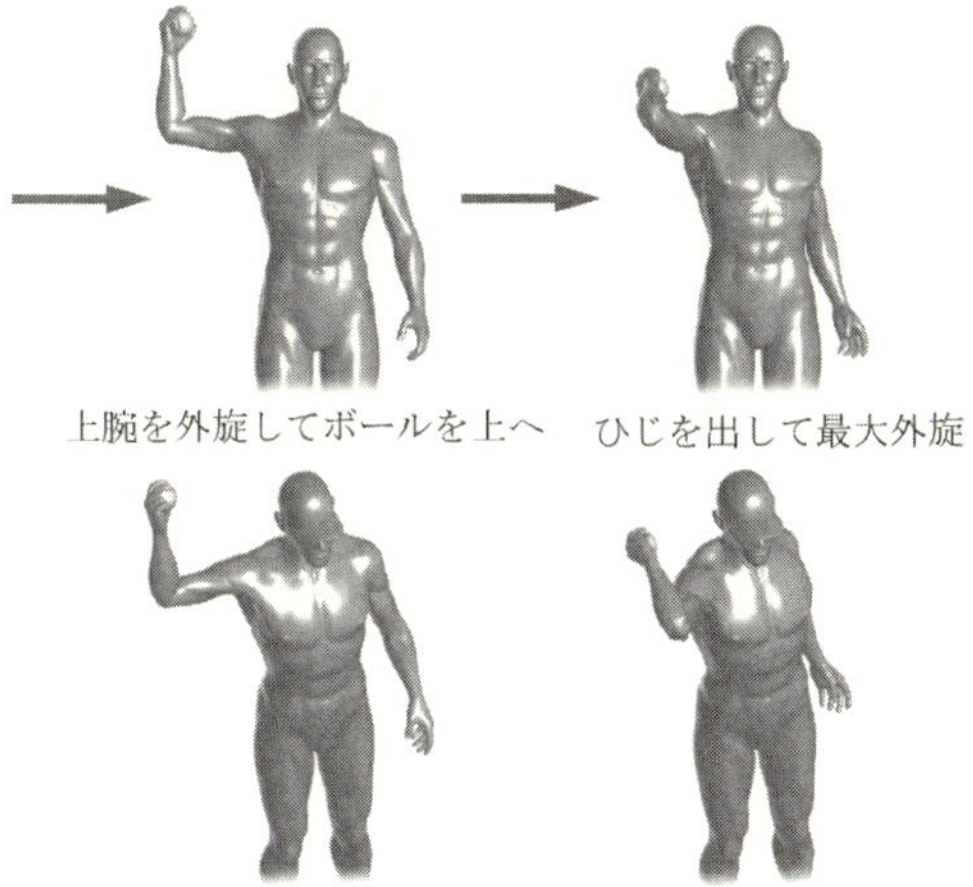

このエクササイズに左足のステップと体の左回転を付け加えれば ジョンソン流ピッチングの出来上がりです

へ左足を踏み出しながら体重移動し、その体重移動の間に体を四五度ほど左回転すれば、ランディ・ジョンソン投手の右投げ版が出来上がります。

さて、前に戻って、ここまでの動きで右手のボールが右耳の横まで上がってきて、右ひじは体の真横あたり、肩の高さにあります。ひじは相当深く曲がっています。さあ、ここから、ゼロポジションに入りましょう。

肩の真横にある右ひじを、意識的に、体の前へ出します。あんまり前へ出しますと、ひじが体の真ん前へきてしまいますから、これはだめです。そうです。両肩のラインから三〇度くらい前へ出しましょう。このとき、右手のボールは逆に体の後ろへ動くくらいのほうがいいのです。ひじは前へボールは後ろへ、です。注意するのは、この動きのなかで、右肩が上がらないようにすることで、かえって下げるくらいの意識のほうがいいのです。これは、右ひじを常に肩の高さにキープすることを意味します。もし右肩が上がって右ひじが下がった状態で、ひじを前へ無理に出しますと、あいたたっとなりますから要ご注意。姿勢があまり理解できない方は、もう一度スケッチを参照してください。

この一連の動作をスムーズにやれるように練習してみてください。「いっちにい」とリズミカルにやるのがいいでしょう。右ひじがちょうど肩の高さでしかも肩よりすこし前に出たところで、右上腕はきれいにゼロポジションに入っています。というのは、普通にまっすぐ立った姿勢では、肩甲骨は背中に平行ではなく、背中の面に対して三〇度ほどやや外転しているからなのです。

右ひじを前に出すときに、ひじは前へボールは後ろへと申しました。この動作中に、右上腕が外旋方向にねじられるように感じられたでしょうか。この感じがあまりしない方は、ボールを握った右手をより積極的に右ひじとは逆に後ろへ振ってください。あまり激しくやると、外旋が強烈に起こって、痛い思いをしますからご注意ください。ひじが前に出ながらボールを握った右手が後ろへ動く、ということは、右上腕の軸が外旋方向にねじられるということです。

さて、この外旋さえ起こればしめたものです。というのは、右上腕はゼロポジションに入っているため、右上腕の肩関節側についている筋肉群は、回旋筋群を含めてほぼ全部、右上腕軸方向を向いているからです。この筋肉群は自分で自発的に収縮したとしても、その力は右上腕軸方向に働くため、上腕骨を関節にまっすぐ押し付けることはできても、それを軸回りに回転、回旋することはできないのです。しかし、もしも外部からの力で右上腕が外旋させられたとし

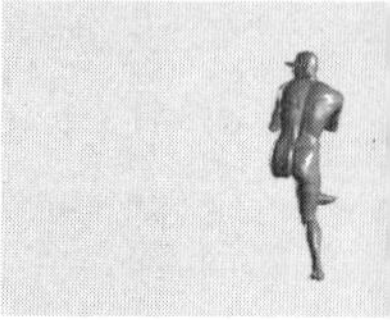
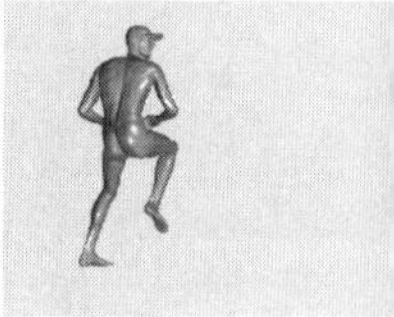
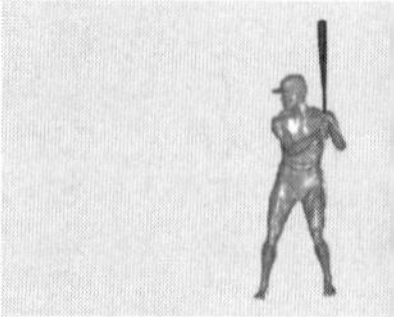

たら、これらの筋肉群は軸回りに一斉にねじられることになります。これは、すべての筋肉群が伸張されるのと同じことです。

模型飛行機のプロペラを手で回してやれば、ゴムがねじれるのと同じ理屈です。手を離せば、ねじれたゴムが巻き戻ってプロペラが回りだします。筋肉はゴムではないので勝手に巻き戻るわけにはいきませんが、伸張が急激なら伸張反射で反射的に収縮することはできます。

そうです。ひじを前へボールを後ろへ、の動作が急激に起これば、強烈な外旋が引き起こされ、肩関節筋肉群がねじれながら伸張し、それは、伸張反射を引き起こして、引き伸ばされた筋肉群が一斉に収縮を開始し、結果的にひねり戻しを引き起こし、そして、最終目的の右上腕内旋を引き起こすにいたる、というわけです。

この過程を体感するために、さっきのエクササイズができるようになったら、右ひじを前へ出しながら、ボールを投げるように右ひじを伸ばしてしまいましょう。体を回転させずにやるので、ひじ伸展が自動的には起こりませんから、意識的に投げる動作をしてみてください。そうすれば、右腕が内旋しながら伸びていくのを実感できるでしょう。

これだけでも、実際にボールを投げることができます。見た感じではちょうどスナップをきかせてボールを投げたように見えるはずです。簡単なキャッチボールをこの動作だけでやってのけることができます。しかも、腕の使い方は、ランディ・ジョンソンそのものですから、もし野球好きのお子さんとキャッチボールしながら解説なされば、フォームといい、解説といい、お子さんから称賛の目で見られること間違いなしです。

ランディ・ジョンソン投手は、ここで説明したひじの使い方を、体の回転と同時にやっているわけで、スケッチを参照していただければ十分ご理解いただけるものと思います。

ボールリリースへ

さて、体幹の強烈な右回転、それにともなう左上腕の強烈な内旋、この二つが「最大外旋移行およびリリース期間」の最終段階に同時に起こります。これは、スウィング原理にしたがって、左ひじの急激な伸展を自動的に引き起こすことになり、ボールを一気に加速するのです。

もうこれ以上、付け加えるべきものは、ほとんどありません。スケッチをご覧になりながら、あるいは、パラパラ動画をご覧になりながら、ゆっくり説明の足りないところをご自分で補っていただきたいと思います。もうすこし説明がうまければ、こんなことをいう必要はないわけですけれど。みなさんの理解力に頼るところ大であります。

章末コラム③　ボールを加速する力はどのくらいか

ちょっと、面白い計算をしてみることにします。

さて、リリースの始めではボールはほぼ静止状態にあります。ボールリリースの瞬間にはボールの速度は秒速四〇メートルを超えます。初速が秒速四〇メートルというと、時速に換算して一四四キロですから、松坂投手にとっては普通の球速ですね。

静止したボールを〇・〇五秒で秒速四〇メートルに加速するためには、その期間中ボールに力を加え続けなければなりません。この力は一体どれぐらいの大きさになるのでしょうか。これを計算してみましょう。もちろん、簡易化した計算なので誤差は大きいですが、力の大きさの桁ぐらいは合うでしょう。

さて、〇・〇五秒で秒速四〇メートルまで加速するということは、一秒間では秒速二〇〇メートルまで加速することと同じです。一秒間あたりの速度の増え分を「加速度」といいますが、今の場合、加速度は二〇〇ということになります。

一方、ボールの質量は、一四一・八グラムと規定されていますが、約〇・一四キログラムとします。ここでキログラムに換算したのは、物理学の計算では、MKS単位系といって、長さ単位をメートル、質量単位をキログラム、時間単位を秒、とするのが普通だからです。

さて、ここでニュートンの第二法則を思い出してください。高校で習ったはずですが、大部分の方はお忘れでしょうね。この法則は、「力は質量と加速度を掛けたものに等しい」です。MKS単位系を使うことにしますと、ボール質量は〇・一四、加速度は二〇〇ですので、これを掛け算して、力は二八ということになります。この力の単位は、ニュートンに敬意を表して、ニュートンといってます。

したがって、野球のボールを、静止状態から秒速二〇〇メートルの速度まで、一秒間で加速するためには、二八ニュートンの力を加え続けなければならない、ということになりました。これは、リリースの期間中でも同じですから、リリース期間の〇・〇五秒の間中、二八ニュートンの力を加え続けると、ボールは秒速四〇メートル、時速にして一四四キロまで加速されるというわけです。

二八ニュートンという答えが出ましたが、この大きさが感覚的にどれぐらいかというと見当もつきませんね。物理学者ならいざ知らず、普段ニュートンのような単位を使わないからです。

普段、私たちは、力の大きさを重さで測っています。重さ三キロあるよと言われれば、ああそうかと大体納得しますよね。そこで、二八ニュートンの力を重さに換算してみましょう。

重さとはなんでしょう。質量三キログラムの物体を手でぶらさげますと、重さ三キロに感じますが、これは地球上での話で、月に行けば、質量三キロの物体の重さは六分の一になってしまいます。重さでいえば、〇・五キロということですね。このように、重さというのは、地球の引力で質量三キロの物体が下向きに引かれるのを、落ちないように手で支えるときに必要な三キロの力のことなのです。ですから、引力が地球の六分の一の月に行けば、支える力は六分の一ですむということになります。

力は質量と加速度の掛け算ですが、地球の引力で生み出される加速度はどれぐらいでしょう。ニュートンは高い塔の上から物体を落として、落下速度が一秒あたりどれぐらい増えるかを実際測定してこの加速度を求めました。これを重力加速度といいますが、大きさは九・八です。落下する物体は一秒あたり秒速九・八メートルずつ速度が増えていくわけです。

というわけで、地球上では、質量mキログラムの物体には、「m×九・八」ニュートンの力が下向きに働

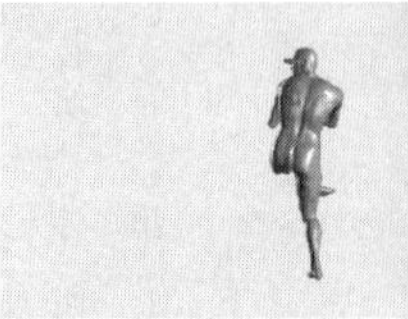

きます。

さて、さきほどの「二八ニュートンの力」を、「m×九・八ニュートンの力」に等しいと置きますと、それからmを求めることは簡単ですね。そうです。mは、「二八を九・八で割った大きさ」に等しいのです。これから、mは、二・八六キログラム、となります。二八ニュートンの力は、重さに換算して二・八六キログラムとなります。

この結果から、リリースの期間には、時速一四四キロの球速で投げようとすると、ボールの重さが、なんと約三キロにもなってしまうことがわかります。

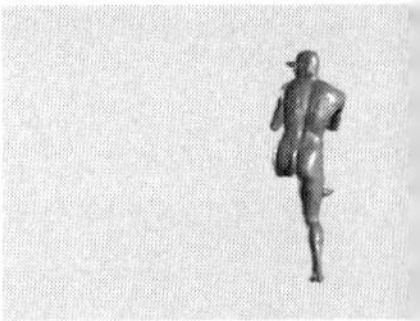
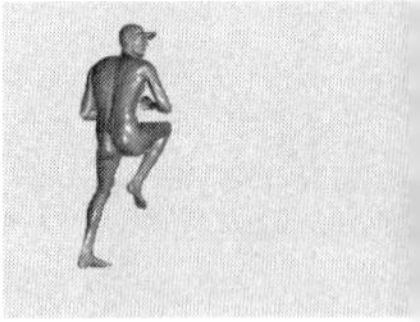

第四章　B・ボンズvs.松井秀喜——バッティング分析

バリー・ボンズ

松井秀喜

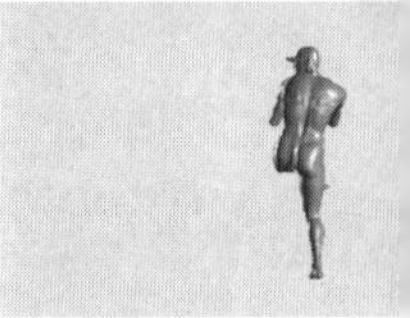

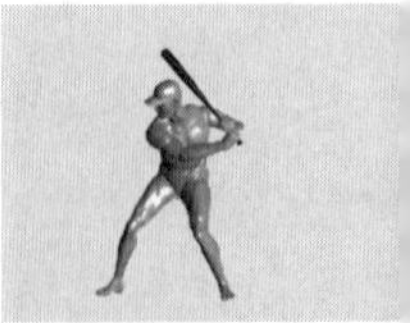

バッティングにはいろいろある

言い訳をするようですが、バッティングの分析はピッチングの分析にくらべると、はるかに難しいのです。さまざまな理由がありますが、なかでも二つほど重要なものがあります。

第一のものは、バッティングはピッチングに大きく左右されるということです。ピッチングは、ピッチャーが主導権をもっていますが、バッティングはピッチャーに合わせなければなりません。具体的には、「タイミング」ということになります。自分が振ったバットのヒッティングポイントに、ドンピシャリのタイミングで、しかも、ドンピシャリの空間位置にボールが来てくれなくては、バットはボールにかすりもしないのです。

バッターが常時対戦するピッチャーたちのピッチングスタイルに、なにか共通の特徴があれば、バッティングスタイルはそれに大きく影響されるに違いありません。その良い例に、日米のバッターのスタイルの差があげられるでしょう。この差は、パワーの差といったようなものではなく、バッターが育った環境の差に根ざしているのです。

第二のものは、ヒットには、バントヒットから場外ホームランまであって、かならずしも、その価値に差があるわけではない、ということがあります。見栄えは場外ホームランのほうがいいでしょうが、もしバントヒットだけで四割以上打つバッターがいればこれも凄いことです。しかし、シングルヒット重視なのかホームラン重視なのかは、価値観の差といってもいいでしょう。しかし、どちらを重視するかは、バッティングスタイルに直接的に影響します。高校野球のバッティングスタイルが、総体として、単打狙い、あてるバッティング中心なのは、体格にも才能にもあまり恵まれない選手たちが、一致団結して勝利するためのものだといえるでしょう。逆にプロならば、観客にアピールすることがきわめて大事なので、豪打一発逆転ホームランの醍醐味を堪能させる巨人軍の松井選手のようなバッターの価値がきわめて高くなるでしょう。

というわけで、バッティングの理論として唯一のものが存在するわけがありません。シングルヒットのためのバッティング理論と、ホームランのためのバッティング理論は違っていて当然なわけです。

この章では、ボンズ選手と松井選手を取り上げてバッティング分析をしようとしていますが、どちらも日米を代表するホームラン打者なので、分析の方向は、彼らのパワーの源泉はどこにあるのか、日米のバッティングスタイルの差はなんなのか、といったところに議論を絞りたい

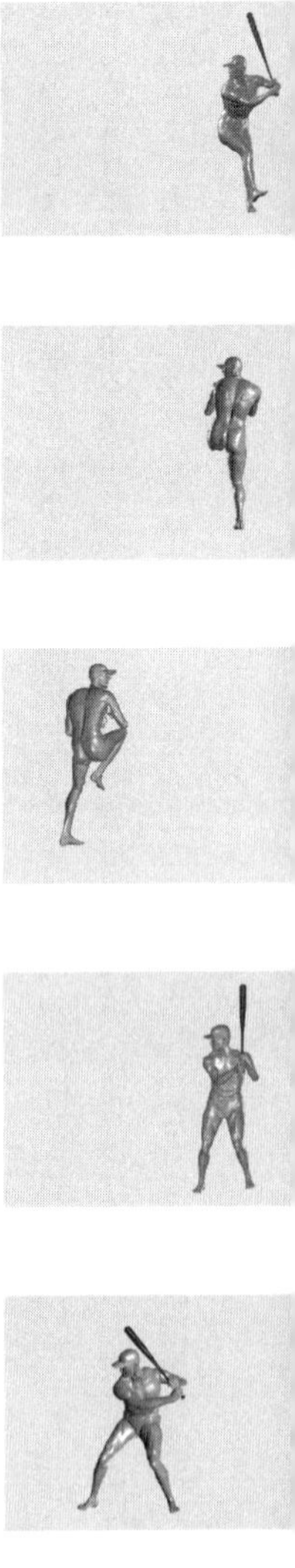

と思っています。けっして唯一無二のバッティング理論を打ち立てようというような大それたことを考えているわけではありません。

バッティングの期間を分ける

分析の都合上、ピッチングの例にならって、バットスウィング全体の期間を分けることにします。

ボンズ選手の場合、第一の期間を「ウェイトシフトおよび上下逆回転ひねりの期間」、第二の期間を「最大外旋移行の期間」、第三の期間を「ヒッティングの期間」と、全体を三つの期間に分けることにします。期間ごとにどんな体の使い方になっているのか、おおまかなイメージを摑むために、各期間の姿勢のCGをご参照ください。

名前の付け方、期間の分け方が、バットスウィングの常識的なものとは違っているでしょうが、この分け方はあくまで分析の都合上のことであります。

この章は、ボンズ選手のバッティング分析が主題ですが、メジャーリーガー全体のスウィング（ピッチングも含めて）に共通する特徴として、余分な動作が削ぎ落とされていて、部分動作がオーバーラップしています。これは、前のランディ・ジョンソン投手のところでピッチングに関していったことですが、このことは、バッティングについてもあてはまるのです。

期間の分け方、名前の付け方が、ランディ・ジョンソン投手のときとほとんど同じです。第三の期間でリリースがヒッティングに変わっているだけで、あとは同じにしてあります。バットリリースという表現は、なんとなく重いバットをびゅんと振るといったイメージにそぐわないのではないかと思ったので、ヒッティングにかえました。ただ、この最後の期間は、ボールヒットの瞬間まででではなく、そのあとのフォロースルーも含めてあります。

以上のようになるのは、実は、ランディ・ジョンソン投手のピッチングスタイルとボンズ選手のバッティングスタイルには、その体の動きの流れに、きわめてよく似通った特徴があるからであります。ピッチングとバッティングがすごくよく似てるって「そんなアホな」と思われる方がいらっしゃるかもしれませんが、あとをお読みになれば判るように、これは本当のことなのです。

第二の期間を「最大外旋移行の期間」としていますが、「はて、バッティングで最大外旋てなんのこっちゃ」と思われることでしょう。これは、あとでもっと詳しく述べますが、ちょっと

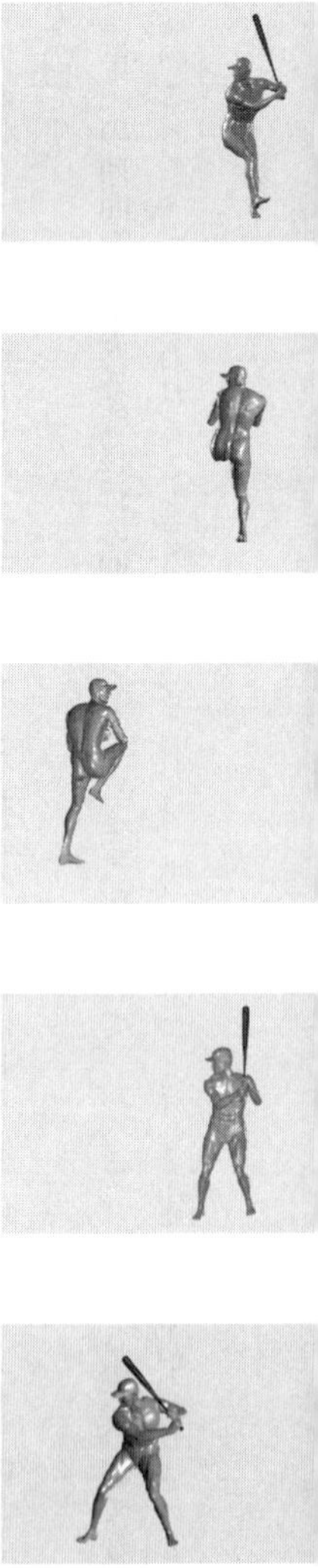

だけその理由にふれておきましょう。

バッティングにおけるスウィング原理

バットは両腕で持ちます。当たり前です。でも、人間の体のなかで、もっとも自由度が高く、自由な動きのできる両腕でバットをコントロールできるため、バットスウィングには、千差万別、実にさまざまなスタイルがありえます。でも長いプロ野球の歴史のなかで、バッティングスタイルは徐々に進化、洗練され、とくにスラッガーたちのフォームは、大体似通ったスタイルになりつつあります。そしてそのスウィングフォームのなかに、第二章で述べたスウィング原理が見て取れるのです。

スウィング原理では、第一回旋軸となる体幹のほかに、第二回旋軸となるものが必要でした。ピッチングの場合は、それがボールを握った腕の上腕部だったわけですが、バッティングの場合は、どう考えればいいでしょう。

簡単化して考えれば、この第二回旋軸を、グリップと胸の中央あたりを結ぶラインとすればいいのです。胸の真ん中から一本の棒がまっすぐ前へ生えていて、その先にバットがくっついているといったイメージです。

松坂投手のピッチング分析のところで、背中に背負った中華鍋というイメージを説明しました。肩甲骨のペア回旋はこの中華鍋の回転のイメージでした。さて、いまの胸の棒は、この中華鍋の中心から胸を突き抜けて生えていると思ってください。中華鍋が回転すれば、この棒が軸回りに回旋する、これが第二の回旋軸となるわけです。

グリップは、腕でいえば、ひじのようなものと考えましょう。バットを両手で握ると、親指側へは、深くコックできますが、小指側へは、まっすぐ伸ばすのがせいぜいです。まるで、腕のひじのようです。

というわけで、先ほどの棒は、腕でいえば上腕で、棒の先のグリップはひじにあたり、バットは下腕にあたることになります。このようにして、スウィング原理を適用できる、もっとも簡単なモデルができあがることになります。最大外旋とは、この棒の回旋であって、右打者なら、この棒の右回旋にあたることになります。この右回旋を起こすためには、右肩下がり左肩上がりになればいいということも見当がつきます。最大外旋位置では、グリップはもっとも深くコックされ、バットはほとんど地面と平行になり、バットのグリップエンドはボールを狙っ

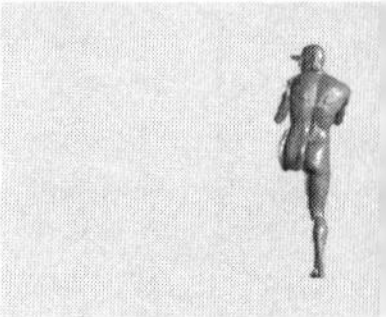

ています。

この状態から、体幹が左回旋しながら、胸から突き出た棒が内旋、すなわち、その軸回りに左回旋すれば、コックしたグリップが、コリオリの力で伸展するという、バットスウィングができあがります。この簡単なモデルを使って、コンピュータで計算してみますと、実際のバッティングに非常によく似たスウィングができることが判っています。しかし、実際のバッティングはこれほど簡単なのでしょうか。どうも、そうではない疑いが濃厚であります。

というのは、このモデルは、グリップのところをひじと同じように扱っていて、このひじの伸展はコリオリの力だけで生じるように考えています。ひじをその筋肉で意識的に伸ばすことは考慮していないわけです。ピッチングの場合はこれでよかったのですが、バッティングの場合はどうでしょうか。

バッティングの場合、グリップのコックをほどくのに、両手首、両ひじの力をどうも無視できないようなのです。もちろん、コリオリの力によるコックの伸展も大きく寄与するのは当然

ヒッティングポイント

ボールをヒットする瞬間の体とボールの位置関係

ですが、それに加えて、両腕の力そのものも、コックを伸展させる大きな要素となるように思われます。

ボールのヒッティングポイントについて

ボールをヒットした瞬間の姿勢をCGで示します（図）。これを見ますと、バットの位置は、体の相当前、というか、ピッチャー寄りになっていることがわかります。しかも、後ろ側の腕（ボンズ選手は左打者ですから左腕になりますが）は、まだ伸びきってはいなくて、左ひじが曲がった状態にあり、グリップのコックもまだ完全にほどけてはいません。このあと、ボールをヒットしたあとで、初めて両腕は伸びきるのです。

この点は、ピッチングとは全く違います。ピッチングでは、ひじが伸展しきったときにボー

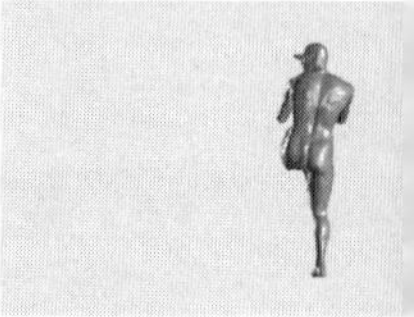

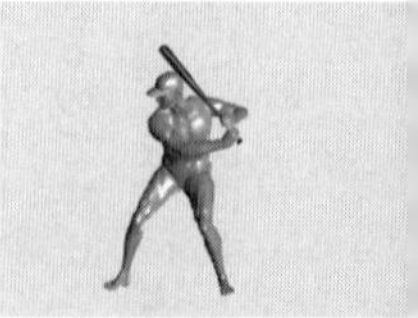

ルがリリースされるのですが、バッティングでは、ひじに相当するグリップのコックが伸びきる前にボールをヒットするのです。

バットを振ったとき、そのヘッドスピードは、両腕が伸びてコックがほどけるあたりで最大になるものと思われますが、どうもボールヒットの瞬間は、ヘッドスピードが最大になるポイントよりちょっと手前で起こっているようにみえます。

これはなぜでしょうか。これは、ボールをヒットしたときの衝撃力の大きさによるものと思われます。この衝撃力に耐えてなおかつボールを押し出すためには、ボールを打つ方向への力、いいかえれば、加速度が必要です。両腕が伸びきってしまった状態では、バットヘッドの速度は最大でも、加速度はありません。ボールの衝撃に負けずに押し返す力が不足するのです。ボールヒットの瞬間の両腕の形をみても、ボールをぐっと押す感じが見られます。両腕が伸びきった状態では、ボールをパチンと弾くことはできても、よくいわれる、ボールをバットに乗せてぐっと運ぶことはできません。

このような、ボールのヒッティングポイントでの姿勢、バットの位置などは、すべてのバッターに共通する特徴でもあります。

ただここで問題があります。ピッチングの場合ですと、最大外旋からボールリリースの瞬間までに、腕はほぼ九〇度近く内旋します。したがって、完全な第二回旋が起こっているわけです。スウィング原理のメインエンジン、コリオリの力は、第一回旋と第二回旋のそれぞれの回転速度の積に比例しますから、ピッチングの場合は、スウィング原理を直接適用することに矛盾はありません。

でも、バッティングの場合はどうでしょうか。ヒッティングの瞬間を見てみると、強烈な内旋が起こっているようには見えません。よくよく見れば、最初上を向いていた前の腕の手の甲が、ややピッチャーの方向を向きかけていて、内旋が起こりかけていることはわかりますが、ピッチングのように顕著ではありません。ここから先、両腕が伸びきったとき、約九〇度内旋するわけで、それが起こるのはヒッティングの後になります。したがって、ヒッティングの瞬間には、内旋の回転速度はそれほど大きくはないので、コリオリの力もそれほど大きくはないのではないかと思われます。

というわけで、バッティングでは、コリオリの力だけをメインエンジンとするわけにはいかないので、他の力の寄与も考えなければなりません。

バッティングにおけるスウィング原理の見直し

ピッチングの場合、曲がったひじが伸展する力を生み出すメインエンジンを、コリオリの力としていました。これは、テニスのサーヴでも同じです。そのとき、補助エンジンとして、遠心力や、ひじを筋肉で強制的に伸ばす力についても触れましたが、そこでは、これらの力が補助的である理由として、伸展の強烈な速さを、ひじとか手首の筋肉だけで実現するのはきわめて難しく、なにか他の力を考えなければ説明がつかないということを挙げました。この他の力がコリオリの力だったわけです。

コリオリの力による伸展を引き起こすには、二重回旋が必要です。第一回旋は体幹の回旋なので体の大きな筋肉群を使うことができます。第二回旋は上腕まわりの筋肉群を束にして使えるので、相当大きな負荷にも耐えることができそうです。したがって、片手で握って振れる程度に軽いボールとかラケットであれば問題はなさそうです。

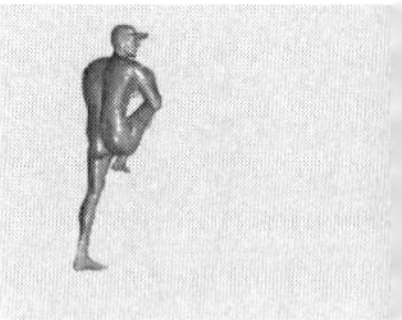

でももし、ボールとかラケットがもっと重かったらどうなるでしょうか。第一回旋はいいとしても、第二回旋の方は、下手をすると肩まわりの筋肉群がちぎれてしまいそうです。たとえば、砲丸投げが良い例です。あれだけ重い砲丸を野球のボールのように投げることは不可能です。砲丸投げをスウィングといっていいかどうかは別にして、この場合のスウィング原理はまったく異なるものになるでしょう。

そうです。前に述べたスウィング原理を人間の運動に適用するためには、ボールとかラケットが適度な重さであることが必要なのです。

さて、そうだとすると、野球のバットの場合はどうなるのでしょうか。バットは大体九〇〇グラムくらいの重さがあります。持ってみるとずっしりと重く感じます。とてもじゃないけれど、片手では振れません。これくらい重くなくては、時速一五〇キロのボールを打ち返して観客席に放り込むことはできないのです。また、バットのヘッドスピードも、ボールの速さに匹敵する程度に速くなくては、ホームランを打つことはできません。

グリップの深いコックを伸展してバットヘッドを加速するのに使えそうな力で、コリオリ以外の力にはどんなものがあるでしょうか。

ひとつには、遠心力があります。紐に結び付けてボールをぐるぐる振り回すと、紐がピーンと張ります。これはボールが紐を引っ張っている遠心力があるからです。遠心力はボールの質

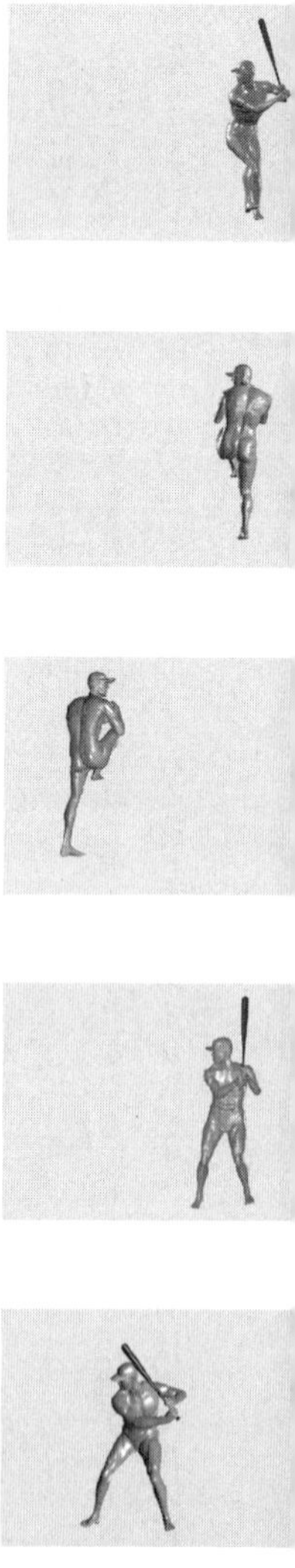

量および速度の二乗に比例し、回転半径に反比例します。ボールが重いほど、ボールの速度が速いほど、回転半径が小さいほど、遠心力は大きくなります。

図を見てください。これは、回転軸を脊柱とし、両腕を一本の棒と考え、その先にバットが付いていると考えたモデルを上からみたものです。バットの重心にバットの重さが集中していると考えれば、その重心位置と回転中心を結ぶ方向に遠心力が働きます。この遠心力は、図を見ればわかるように、グリップ部分のコックを伸展するように働きます。これが、遠心力の効果ですが、これを大きくするには、体幹の回転、すなわち、第一回旋をできるだけ速くすることと、回転の最初でグリップのコックをできるだけ深くしておくことが必要です。でも、これは、バッターであれば誰でもやっていることですし、ボンズ選手や松井選手の体の回転の速さが他の選手の倍もあるというようなことはないので、この遠心力だけでは、パワーにさほど差がつくとは思えません。

遠心力によるグリップコックの伸展

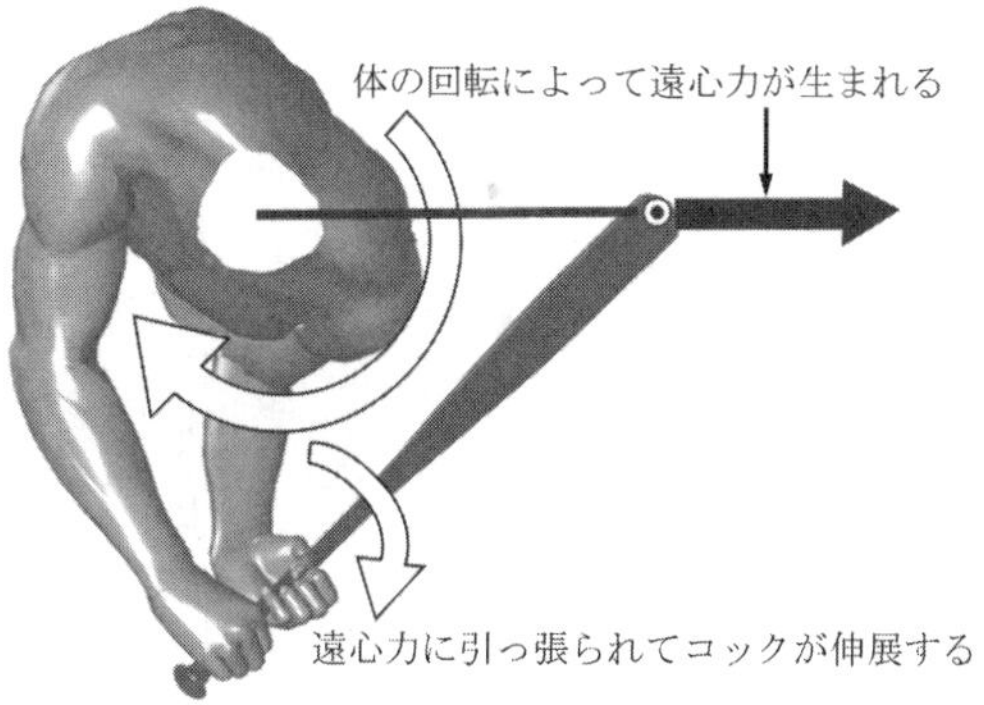
体の回転によって遠心力が生まれる
遠心力に引っ張られてコックが伸展する

遠心力によるコックの伸展は伸展初期だけに有効である

何がボンズのスピードを生むか

さて、そこで、あのボンズ選手のもの凄いバットヘッドスピードを生み出す、なにかほかの力を考えざるをえません。

ここで、バットは両手で握っているということに注目してみましょう。そこで、ちょっと実験をしてみることにします。右打者の場合を考えます。

バット（バットがなければなにか棒のようなものであればいいです）を両手で握ります。右打者なので左手が下、右手が上ですね。両腕をまっすぐ前へ伸ばし、バットを右真横に倒します。そこで、右ひじが体に当たるまで右のひじを曲げてください。このとき、左ひじは突っ張らないで自然に曲がるのにまかせてください。そして、右の手首を親指側へ思い切りコックしてください。

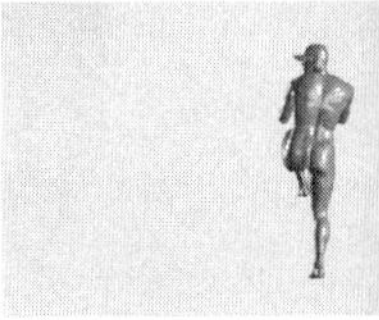
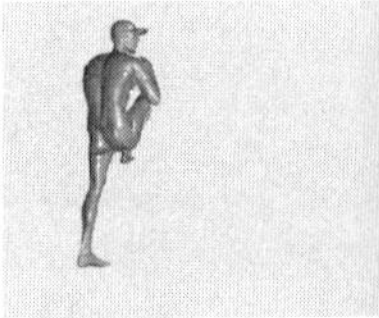

こうすれば、バットヘッドは、体の右斜め後ろを指しているはずです。

さて、この状態から、まず、右手の位置を動かないようにしっかり固定したまま、左手をごくわずか手前に引いてください。右手のコックがほどけるのはいいですが、右手の空間位置は動かないように注意してください。こうすれば、バットヘッドは、右手を中心にして、体の後ろから前のほうへ回転します。これに名前をつけて、「プル伸展」（プルは英語で引っ張るという意味）と呼ぶことにしましょう。

もう一度、最初の状態に戻ってください。この状態から、こんどは、左手の位置をしっかり固定して、右手をごくわずか前のほうへ押してみてください。このとき、左手の空間位置を固定するように注意しながら、右手を押し出すときに右手首のコックを意識的にほどいてください。これにつれて、左手首は小指側へコックします。こうすれば、バットヘッドは、「プル伸展」のときと同じように、体の後ろから前のほうへ回転します。これに名前をつけて、「プッシュ伸展」（プッシュは英語で押すの意味）と呼ぶことにします。

プル伸展とプッシュ伸展

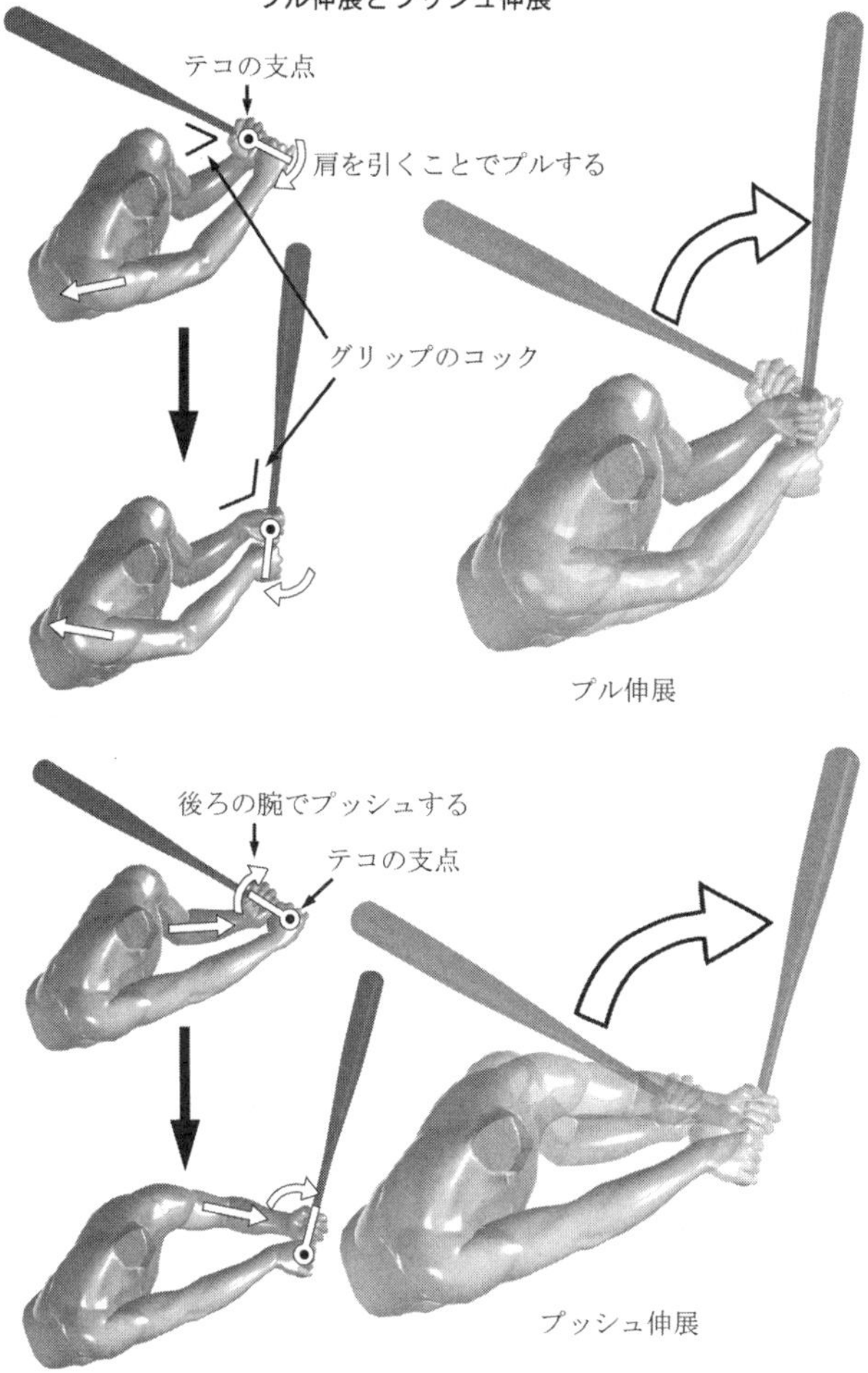

プル伸展とプッシュ伸展の比較。プル伸展はメジャーの特徴でありプッシュ伸展は日本の特徴

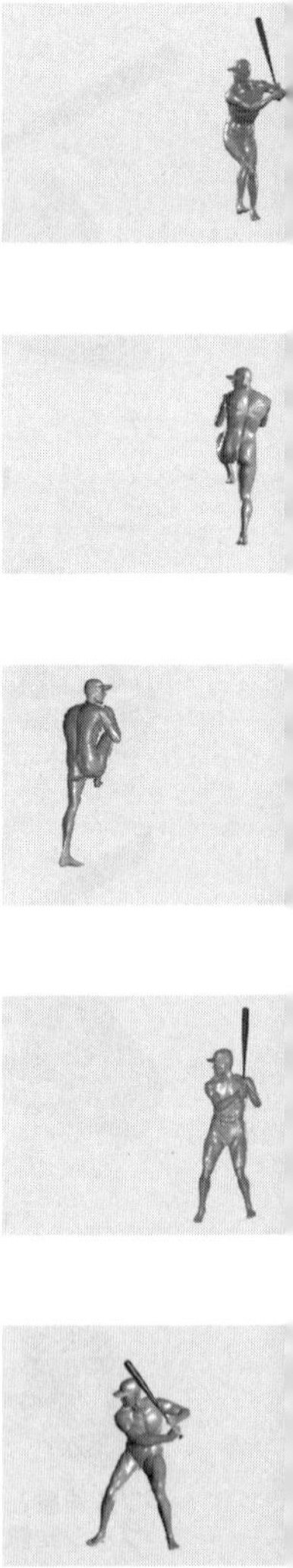

この「プル伸展」「プッシュ伸展」のいずれも深くコックされたグリップを伸展するのにきわめて有効であることは、実験で体感できるでしょう。要は、右手をテコの支点にして左手で引けば「プル伸展」になり、左手をテコの支点にして右手を押せば「プッシュ伸展」となり、いずれの場合も、グリップの深いコックがほどけて伸展するのです。

ここで、どちらかの手がテコの支点になっているということが重要であります。手は腕を介して体幹につながっていますから、テコとなる方の手が動かないように腕と体をしっかりと保てば、動かすほうの腕も力を発揮しやすいのです。

もちろん、右手で押しながら左手を引くといった「プッシュ・プル伸展」も可能ではありますが、このときの支点はちょうど両手の中間にあって、これは宙に浮いていますから、バランスよく両手を動かすのは難しいでしょう。

「プル伸展」にしろ「プッシュ伸展」にしろ、これだけでグリップのコックを完全伸展することはできません。さきほどの実験をしてみればわかるように、コックがほどけるにしたがって、両手首ともに小指側へコックしていきます。手首を小指側へ曲げる(コックする)のには限度がありますから、伸展はそこで止まってしまいます。重いバットをこのように手首のコックだけでその限度まで伸展しますと、手首を壊してしまいます。

というわけで、どちらの方法でも、コックの伸展はせいぜい、深く親指側にコックされた手首が、ほぼストレート、まっすぐの状態に戻るまでぐらいがいいところだと思われます。

さて、ここで、コックが完全伸展するまでの実験をやってみましょう。

もう一度、実験の最初のポジションにもどってください。「プル伸展」でも「プッシュ伸展」でもどちらでもいいのですが、便宜上、「プル伸展」で考えましょう。さて、右手位置を固定して左手で引きますと、バットヘッドは後ろから前へ回転してきますが、バットヘッドが右真横を向くあたりから、こんどは、左腕も右腕も左回旋させることにします。左手は最初、手の甲が真上を向いていますが、バットヘッドが右真横に来るあたりから、この手の甲を左横方向に向くように、左腕を左回旋させるわけです。それにともなって、最初真上を向いていた右手の手の平も、左横方向を向くように、右腕を左回旋させます。この左回旋にともなって、右腕を自然に伸ばしましょう。そうすると、左手の甲と右手の平がちょうど左真横を向いたとき、右腕が伸びて、バットヘッドはまっすぐ体の真ん前を指すようになります。剣道の素振りで真上から振り下ろしたときの恰好に似ています。

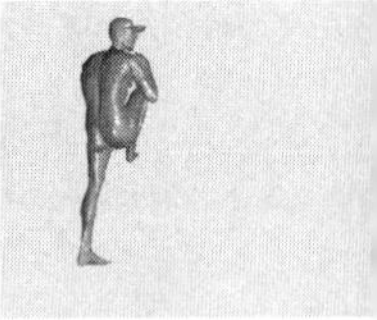

この動作をスムーズに一続きの動作としてできるようにやってみましょう。そうすれば、最初のグリップの深いコックがほどけて伸展しながら、バットヘッドは右斜め後ろから右真横を通って体の真ん前まで回転してくることになります。そして、体の真ん前で完全に伸展することがわかります。

腕の左回旋は、最初から意識して行うことが可能です。左手を引くときに、まっすぐ引く代わりに、左回旋しながら引けばいいのです。左手の小指側に力をいれて、小指側が下を向くように引けばいいのです。実際には、バットヘッドは重たいですから、左腕を少々左回旋気味に引いても、バットヘッドが上向きに上がってくることはまずありません。実際やってみてください。

この実験で、バットヘッドが右斜め後ろから真ん前へ回転する間に、両腕が約九〇度左回旋したことに注意してください。最初の状態が両腕の「最大外旋位置」とすると、そこから約九〇度「内旋」したことになります。したがって、もし、この動作のあいだに、体も左回旋していたとしたら、「二重回旋」が起こり、グリップのコックに対して、コリオリの力による伸展力も作用することになるでしょう。

ただ、バットヘッドの回転初期には「プル伸展」による伸展力が優先し、その力が弱まるあたり、あるいは、その前あたりから、コリオリの力による伸展力が追加されることになります。「プッシュ伸展」の場合も、まったく同じようにやれますから、実験してみてください。

というわけで、スウィング原理における伸展力に、コリオリの力だけでなく、「プル伸展」「プッシュ伸展」による伸展力も、メインエンジンのひとつとして追加しておくことにします。

ボンズ選手のバットスウィング――体重移動しながら上下逆回転ひねり

この項のタイトルは第一の期間の名前ですが、これとまったく同じ表現がランディ・ジョンソン投手のピッチング第一の期間にも使われていました。そこでは、右足を右回りに振りながら踏み出すことでヒップの右回転を生み出し、同時に、ボールを握った左腕を後ろへ振り上げることで胸郭から上の左回転をつくり、この動きがウェストの部分のひねりを生み出すというものでした。

ボンズ選手の第一の期間でも、まったく同じような体の動きが見られるのです。

バッターにとっては、この第一の期間は、もっとも重要な期間であります。というのは、こ

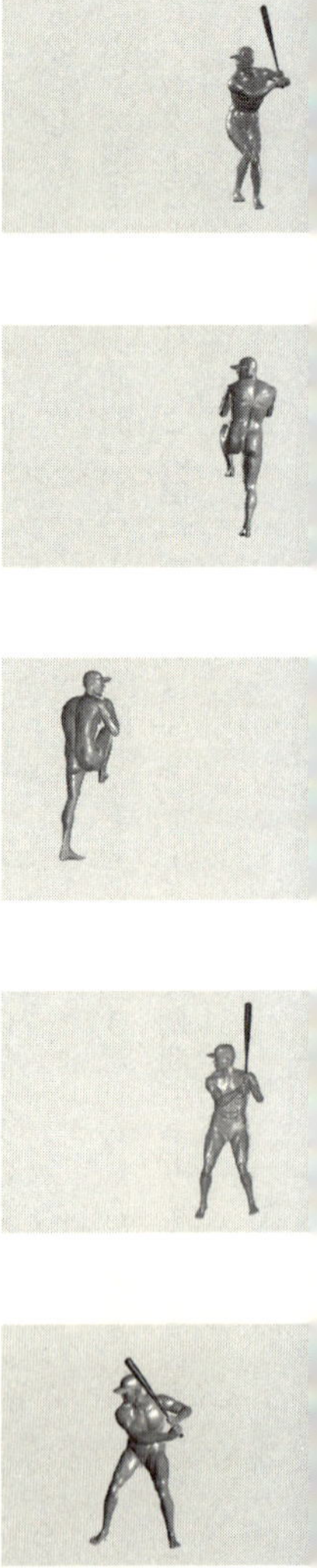

の期間の開始時点がバッティング開始の時点であり、その時点の決定がタイミングを決める最初の要素だからなのです。タイミングがずれたのでは、バッティングそのものが成り立ちません。その意味でもっとも大事なのです。

この期間のスタート時点は、ほぼ、ピッチャーがボールを振り上げ最大外旋に入る直前と一致しています。ちょうど、ピッチャーの肩越しにボールが見える時点です。これはボンズ選手にかぎらず、メジャーリーガーに共通しているようです。メジャーリーガーのピッチャーは、おしなべて投球動作が速く、動作の流れに間然するところがないのは前述したとおりです。バッティング開始時点をこのようにとるのは、そのためかもしれません。

ボンズ選手のバッティング開始前の姿勢はごく標準的なものといえます。体はホームベースに正対し、スタンスの幅は肩幅よりやや広い程度で、両膝を軽く曲げ、腰もやや屈曲して体は前傾しています。といって、ホームベースに覆いかぶさることはありません。顔は右肩越しにピッチャーの方へ向けられています。グリップの位置は、左胸の前あたりで、極端に高くも低くもありません。バットはやや後傾掲気味にまっすぐ立てられています。リラックスした、どこにも偏りのないお手本のような姿勢です。

バッティングは、まず前足(すなわち右足)の踵を上げ、体の前傾を深め、グリップを下へ引き下げることから始まります。この体の前傾とグリップ引き下げの動作のおかげで、バットはホームベース側へ傾きます。これはいわゆる、「ヒッチ」といわれる動作です。

このあと、グリップは、左肩の横まで、捕手側へ引き上げられます。ヒッチはこの引き上げの準備動作というわけです。これにともなって、バットヘッドは、ホームベースの上へ前傾した位置から、左肩の後ろ側へ振られます。このバットを後ろへ振る動作によって、右肩はピッチャーに向けられた顔の顎の下へ近づき、肩のライン、それにともない胸郭がやや左回転し、右の背中がピッチャーから見える程度になります。

この動作と平行して、右足はピッチャー側へやや開き気味に踏み出され、これにともなって、両膝の屈曲が深まり、両膝がピッチャーの方を指し気味になります。この両足のアクションによって、ヒップは右回転します。

言葉では、長ったらしいですが、要は、ヒップは右回転、胸郭より上は左回転することで、お腹のあたり、ウエスト部分がひねられるのです。お馴染みの「上下逆回転ひねり」です。

このアクションはランディ・ジョンソン投手のものと非常に似ています。ただ、ランディ・

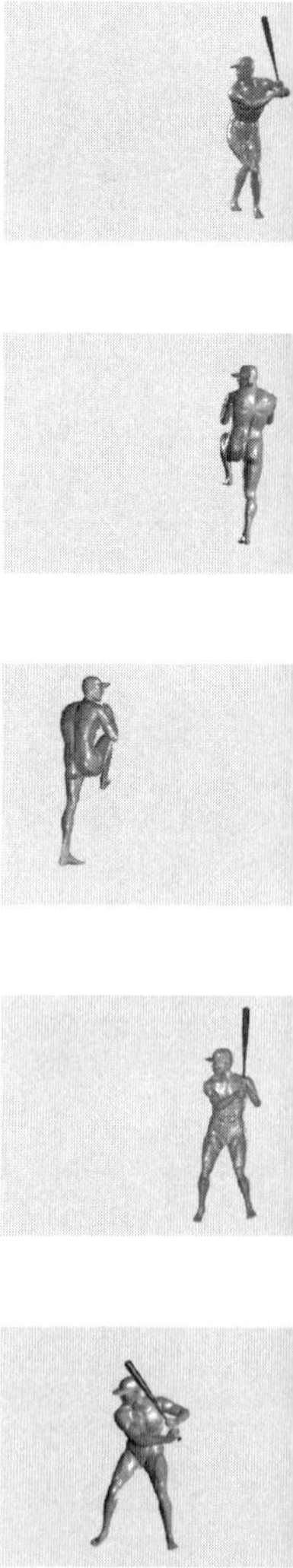

ジョンソンの場合、ショルダーファーストの動きなので、頭とヒップは平行して移動しますが、この点がボンズ選手の場合は違うのです。

この間、踏み出した右足とともにヒップはピッチャー側へ前進しますから、重心移動、体重移動は行われているわけです。しかし、頭の位置はほとんど目立って動くことはありません。ということは、なんと、ヒップファーストの動きになるわけです。これは、後ろへ振り上げられたバットを、できる限り、後ろの位置に残しておこうということであろうと思います。松坂投手がウェイトシフトの最初の時期に、ボールをできる限り後ろへ残しておくために、「く」の字をつくりながら、ヒップファーストで移動開始したのと似ています。面白いと思いませんか。

こうして見てきますと、メジャーリーガーに共通する大きな特徴が浮かびあがります。そうです。それは「上下逆回転ひねり」です。胸郭より上とヒップ以下を同時に逆に回転させることで、ウェストの部分にひねりを生み出し、そのひねりの伸張反射を利用して、強烈なひねり戻しによる胸郭より上の回転を生み出す、これが共通する特徴です。

落合博満のすごさ

これに対して、大部分の日本の選手は、ヒップを回転させることで体幹を回転する、どちらかといえば、コマの回転に近い動きなのです。ウェストの部分が固いのか、あるいは、その部分を柔らかく使う意識がないように見えます。訓練すれば、やれないことはないので、おそらく後者なのでしょう。

これは、草食動物と肉食動物の動きの差にも見られます。猫を仰向けにして落としますと、まず、頭と胸の部分を地面に向けるように回転し、着地寸前にヒップをぐいとひねって地面に正対して立ちます。豹、ライオンといった肉食系の動物は、このウェスト部分の柔らかさを生かしたひねり主体の動きで獲物を襲い、格闘します。これに対して、カモシカ、馬といった草食系の動物はこの動きが不得意です。体を反らしたり前へ曲げることは得意ですが、ひねりはまったく不得意です。ひょっとすると、狩猟系の民族と農耕系の民族の動きにもこのような差があるのかもしれません。

日本の打者にも、上下逆回転ひねりを生かしたバッティングをする選手がいます。大阪近鉄バファローズの中村紀洋選手が典型的です。中村選手はバットを前から後方へ振ることで上半身の逆ひねりを生み出し、同時にヒップを回転することで上半身の上下逆回転ひねりを作り出

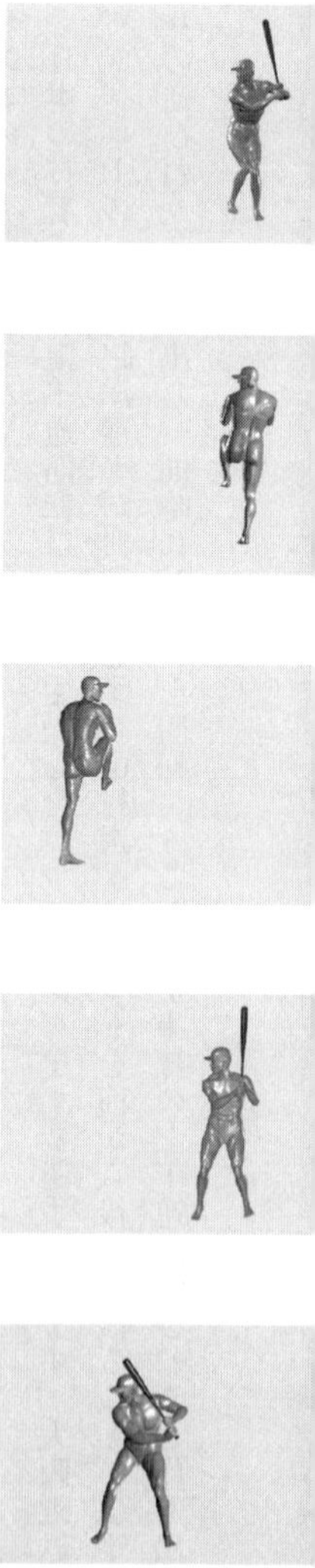

しています。あとは、彼のいうフルスウィングでひねり戻すわけです。しかし、中村選手の場合は、静から動への一気の移行といったボンズのような荒々しさはありません。その点、スピード&パワーのスピード感に欠けるうらみがあります。

しかし、私の知る限り、たった一人、上下逆回転ひねりによるバッティングをする選手、いやしていたというべきでしょうか、がいます。それは、落合博満選手です。彼のバッティングはボンズと非常によく似ています。落合選手のほうが先輩でしょうから、実際は逆ですね。ボンズ選手が落合選手に似ているというべきでした。彼の動きには力みが見られない分だけ、さらに洗練されていると言ってもいいと思います。最近は、日本の選手がメジャーリーグで活躍していますが、もし、落合選手がメジャー入りしていたとしたら、日本で残した成績をメジャーでも達成しただろうということには、ほとんど確信があります。まさに稀有の選手です。落合選手の引退は本当に残念です。願わくは、後輩の指導を通じて、アメリカ型と日本型の良いところをとった新しいバッティングを創始されることを期待します。

落合博満選手のスウィング

「上下逆回転ひねり」による見事な
「プル伸展」型スウィング

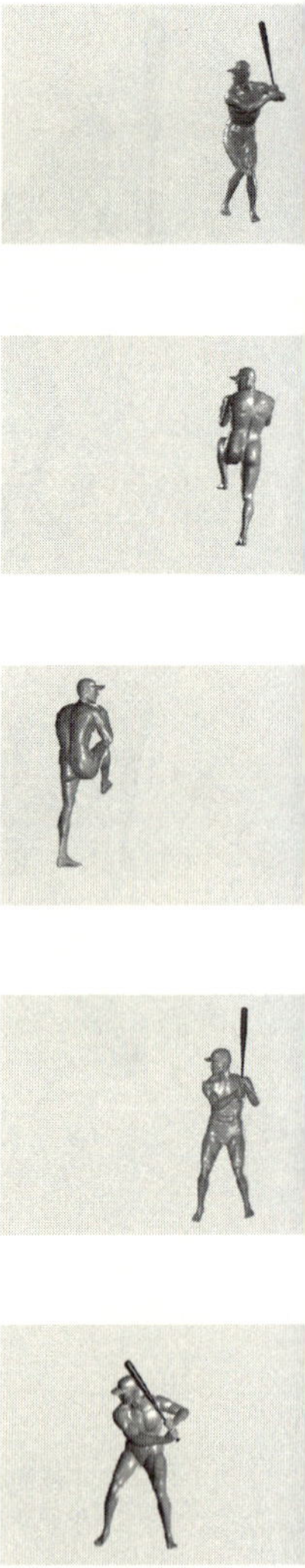

最大外旋へ

さて、第一の期間につづいて第二の「最大外旋移行の期間」に入ります。

第一の期間の終わり近くの姿勢を復習してみましょう。上半身はやや左へ回転していて、右肩は下がり左肩は上がっています。バットは立ったまま上半身の左回転とともに左へ振られつつあります。グリップの位置は左肩の前あたりで、左ひじは肩の位置まで上がっています。顔は右向きでピッチャー方向を向き、その顎の下あたりに右肩が入っています。上半身はベース方向へやや前傾していますが、脊柱はまっすぐに保たれています。

このような姿勢が第二の期間の初期姿勢ですが、ここから、最大外旋へ移行するには、上がっていた左ひじを左脇あたりまで下ろすことによってスタートをきります。この左ひじの下降は腕だけで行うのではなく、肩甲骨の左ペア回旋によって行われます。すなわち、左肩甲骨の下方回旋と右肩甲骨の上方回旋を同時に行うことで、左ひじを引き下げるのです。この動作に

新刊のお知らせ

2001 7 JULY

読書人の雑誌 本 8月号

野坂昭如	ウミガメと沖縄戦
出久根達郎	貸本屋の客
橋口譲二	コミュニティーの形
笙野頼子	森茉莉の捨てた猫
大村彦次郎	「やわらかい話」の吉行さん
小林正幸	学校は子どもたちの「最後の砦」
潮　智史	トルシエジャパンと「勤勉な日本人」
春山　満	「臆病」は成功を産む

ほか

好評連載陣

城山三郎
竹西寛子
小嵐九八郎
阿川佐和子
原　武史
宮崎哲弥
鹿島　茂
安野光雅
森まゆみ

ボンズの最大外旋移行

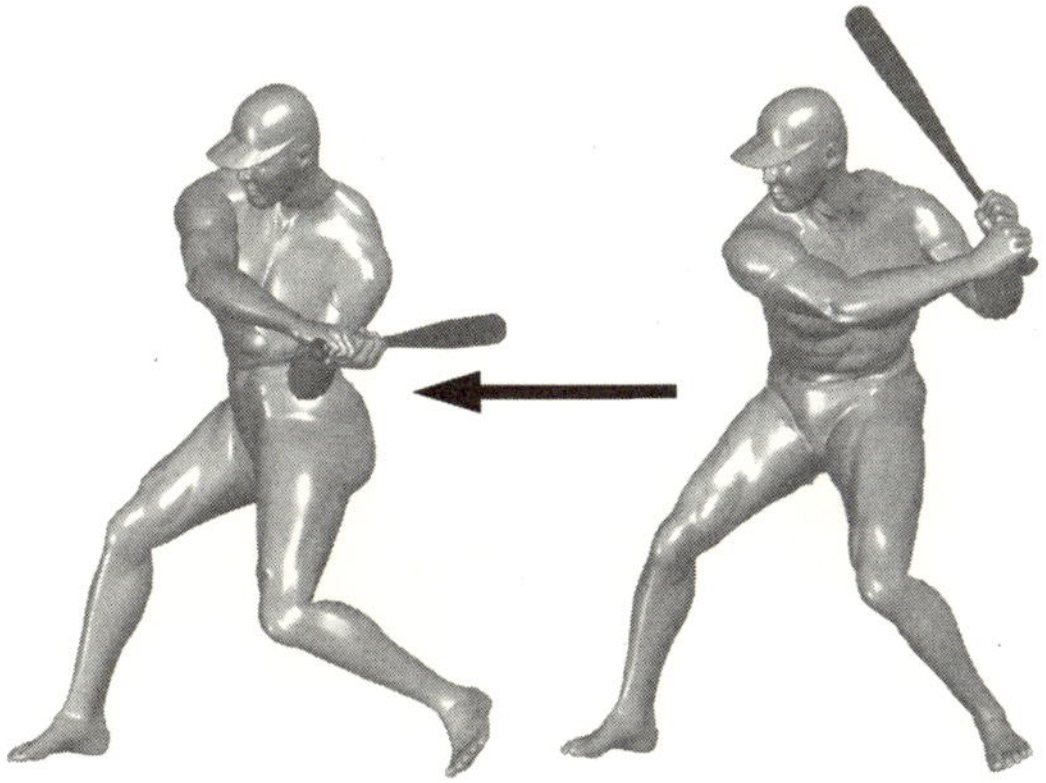

前足をステップして着地したとき最大外旋に入る

ともなって、グリップ位置はやや下がり、ピッチャーを指していた右手甲と左手の平は、天を指すようになります。それとともに、立っていたバットはボール軌道に水平な位置まで寝ることになります。

この第二の期間の最初で、ピッチャー側へ踏み出されつつあった右足はしっかり着地し、ウエイトシフトを受け止めます。着地した右足がしっかりウエイトを受け止めることによって、大地からの反力を得、その反力を利用して肩甲骨ペア回旋を引き起こし、急速な最大外旋移行ができるのです。ここで、ウエイトシフトがなければ、完全な左足体重のままで左肩が下がってしまい、これでは、単に体が左に傾いただけになってしまいます。これは重要なポイントです。よく、メジャーリーガーは後ろへ体重を残

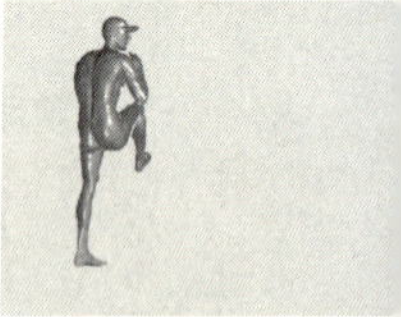

して打つといった解説や選手の感想を聞くことがありますが、これはまったくの誤りといっていいでしょう。これは、第一、第二の期間を通じて、頭の位置がほとんど変わらないことからくる誤解だと思われます。頭の位置は動かないけれども、下半身はしっかりウェイトシフトしているのです。

ヒップが右回転しながらウェイトシフトして右足が踏み出され、右足着地とともに、着地した右足でウェイトをしっかり受け止め、その反力でヒップはさらに強力な右回転を行うのです。並進エネルギーが回転エネルギーに転換されるといってもいいでしょう。

さて、第一の期間で上半身は左回転しつつあったわけですが、この第二の期間でその回転はストップし、左ひじが引き下ろされます。この引き下ろしにともなって、上半身の右回転がスタートします。この右回転はヒップの右回転に引きずられて生じるものであって、積極的に上半身を回転させるわけではありません。この第二の期間での上半身のアクションはあくまで肩甲骨のペア回旋が主体なのです。右足着地とともにヒップはさらに強力に右回転しようとしますが、そのとき、右肩甲骨は上方回旋しようとしていますから、右側の背中の筋肉群は一斉に伸張されることになります。この伸張は次に伸張反射を生み出し、それにオーバーライドして意識的にこれらの筋肉群を収縮させることができます。この収縮は実際の動作のうえではどのように働くのでしょうか。

前に、グリップのコックの伸展で、メジャーリーガーは「プル伸展」だといいました。もちろん、ボンズ選手は「プル伸展」型の典型です。「プル伸展」のためには、前腕（この場合だと右腕）を引かなければなりませんが、右背中の筋肉群の伸張反射で引き起こされる収縮は、この腕の引き動作を、自然に引き起こします。そうです。最大外旋位置で十分に伸展された右背中の筋肉群は、次の期間での「プル伸展」に備えているのです。

第一、第二の期間の動作は、普通、バックスウィングと言われます。実際にボールを打つための動作はフォワードスウィングですから、バックスウィングの名称はフォワードスウィングとは逆の動作、すなわち、バットを後ろへ逆向きに振ることを意味しています。このバックスウィングからフォワードスウィングへの移行は第二の期間の間に行われます。最大外旋位置は、この移行が完了して、いよいよフォワードスウィングに移る直前の状態といえます。

このバックスウィングの意味はなんでしょうか。スウィング動作にかぎっていえば、重要なポイントは二つです。ひとつは、バットを後ろへ振ることでその慣性を利用して、上下逆回転

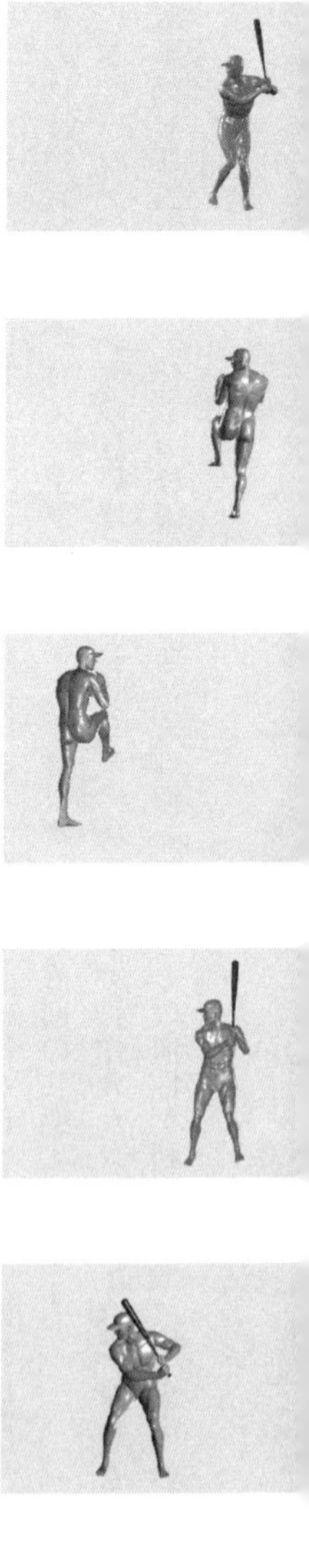

ひねりを生み出すこと、もうひとつは、左ひじを引き下ろすときに、やはりバットの慣性を利用して、グリップのコックを思い切り深めること、この二つです。したがって、最大外旋位置についたとき、バットはほぼボール軌道に水平な状態にあり、グリップは十分にコックされ、「プル伸展」に備えて右背中の筋肉群は伸張状態にあり、踏み出された右足はしっかりウェイトを受け止め、ヒップは強烈に右回転してウェスト部分のひねりをつくりだしています。

いよいよヒッティングへ

いよいよ最後の期間、「ヒッティングの期間」です。ここでは、いままでの準備期間でためこんできたエネルギーを一気に解放してボールを打つのです。

一気に解放、と気持ちだけ先行してもだめです。一気に解放できるような周到な準備が必要です。準備はもう十分しているじゃないかと思われるかもしれませんが、そうではないのです。「一気に」というのが曲者なのです。第一、第二の期間にわたって、流れるような動作でスウィングが進行してきました。このまま、流れにまかせてスウィングしたのでは、「一気に」の言葉に代表されるような爆発的なエネルギー解放は望めません。

「一気に」いくためには、筋肉が急激に収縮する必要があります。筋肉の急激な収縮を引き起こすには伸張反射あるのみです。「上下逆回転ひねり」によって、ウェスト部分はひねられていて、たとえば内外の腹斜筋や腹直筋、起立筋といった胴回りの筋肉群は左回りに引き伸ばされています。ここで、もうひと踏ん張り、ぐいと引き伸ばしてやれば、伸張反射でこれらは急速に収縮して上体の鋭い右回転を引き起こすことになるでしょう。

このひと踏ん張りはどうやればいいでしょうか。そのためには、踏み出した右足がキーポイントとなります。着地した右足の膝は曲がっています。右足を踏ん張ってこの膝をぐっと伸ばすようにすれば、このときの大地からの反力を利用して、右回転しつつあるヒップの回転速度を急激に増すことができます。それと同時に、左足もピッチャー側へ蹴るようにすれば、これも同様に、ヒップの右回転を推進できるでしょう。左右の股関節は骨盤の両側についていますから、右足の踏ん張りと左足の蹴りは、骨盤の両側を脊柱回りに右回転するように押し引きすることになります。このような力は「偶力」と呼ばれています。この「偶力」による骨盤の急激な右回転、すなわちヒップの右回転が、胴回りの筋肉群の急速な伸張を生み出し、それはその筋肉群の収縮を引き起こし、強烈な上体のひねり戻しを生み出すのです。

さて、ここで注意すべきことがあります。胴回りの回転に関与する筋肉群は片方の端が主として骨盤についていますから、この筋肉群が収縮して上体をひねりもどすためには、最終的には骨盤はしっかりと静止している方が都合がいいのです。静止した骨盤を起点として筋肉群が収縮することで、それに相対的に上半身が右回転するのです。これがひねり戻しです。

ボールをヒッティングするポイントでちょうど右膝は伸びきりますが、ヒップの右回転もそこでほぼ止まります。しかし、上体の右回転はさらに進行して、右肩が後ろに左肩が前になるまで回転します。いかにひねり戻しが強烈かがわかります。この上体の強烈な右回転がコリオリの力を生み出す第一回旋となるのです。第二の回旋の方は、前に述べたように、最大外旋位置にあった両腕が、最終的には一八〇度内旋して、いわゆる腕を返した状態に移行することで生みだされます。この二つの回旋がグリップコックの伸展を引き起こすコリオリの力となるわけです。

さて、ヒッティングの期間の初めでは、前にいったように、コリオリの力が期待できませんから、「プル伸展」でグリップコックを急速に伸展することになります。このためには、左腕をテコにして、右腕を一気に引っ張らなければなりません。この一気の引っ張り力は、どこからくるのでしょうか。

最初、右肩は、上方回旋していて、さらに外転しています。外転というとわかりにくいですが、要は、右肩が体の前へ出ているということです。このために、肩甲骨を脊柱側へ引っ張る菱形筋のような筋肉群は伸張されています。また、右肩、右腕は上に上がっていますから、広背筋なども伸張状態にあります。ここで、強烈なひねり戻しが起きますと、これらの筋肉群はさらに一気に伸張され、その結果として、反射的に収縮に移行することになるでしょう。この収縮は右肩の体の後ろ方向への移動を引き起こし、それに連動して、右腕の強烈な引っ張り力を生み出します。この動きは、相撲における、右への「打っちゃり」によく似ています。土俵際で、相手を吊りながら、右肩を後ろへ反らして、相手を右後ろへ「打っちゃる」動作と驚くほどそっくりです。

このような「プル伸展」動作のなかで、右腕はやや曲げられたままです。実際に、試してみるとよくわかりますが、右腕が伸びた状態では、右腕の引っ張り動作はきわめてやりにくいのです。また、右脇もやや開き気味です。これも、広背筋のような筋肉群を効果的に働かせるために必要なのです。このため、ちょっと見た印象としては、打球に詰まったように見えてしま

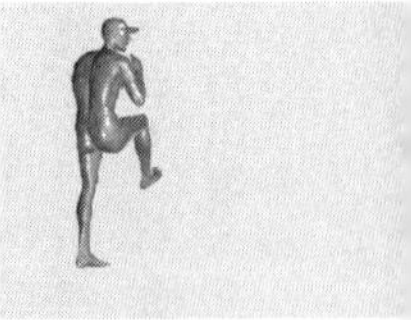

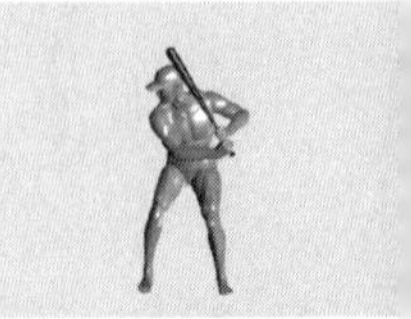

います。よく解説で、助っ人外人選手のフォームを「詰まり気味だけどパワーで持っていった」という表現を耳にしますが、これは、「プル伸展」に気がつかない解説者の誤解でしょう。

さて、ここで解説したことを念頭において、パラパラ動画を見てみましょう。何回も見ているうちに、この章で述べたことが見えてくると思います。解説がスムーズでないので、最初はわかりにくいかと思いますが、読み返し読み返ししながら、また、実際にバットを振ってみて試しながら、パラパラ動画を見ていくうちに、私の意図するところが見えてくることを期待しています。

松井秀喜のバッティング分析

松井選手のスウィングを調べるまえに、日本の選手全体に見られるバッティングの特徴について考えてみましょう。選手全体といっても、もちろん、例外はあります。しかし、大多数の選手たちに共通する特徴があることも事実であります。

さて、では、その特徴とは一体なんでしょうか。一言でいってしまえば、ダウンスウィングから導かれるプッシュ型のバッティングということです。

最近では、メジャーリーグの試合が中継される機会がふえましたので、野球好きな方であれば、中継を何回もご覧になったことがあるでしょう。中継を見ていて気がつくことですが、メジャーの選手たちは、ネクストバッターズサークルのなかで、ほとんど素振りをしません。普段の練習のなかでも、メジャーリーガーは素振りは滅多にしないんだということを、大リーグ通の解説者の話のなかで聴いた記憶があります。

これに対して、日本の選手は普段の練習のなかでも、ネクストバッターズサークルのなかでもじつによく素振りをくりかえします。誰それは夜中でも自分の部屋で素振りを繰り返したということが、美談として語り継がれるくらいですから、素振りはバッティングフォームを固める基礎中の基礎と考えられているのでしょう。

素振りならば、たいていの方がご覧になったことがあるでしょう。バットを肩口に立てて構え、そこから体の前を斜めによぎるように、斜め下へ振り下ろすといったスタイルです。右打者ならば、右肩口に立てて構えたバットを、体の左側斜め下方向へ鋭く振り下ろすスタイルです。斜め下に振り下ろすことから、このスタイルは「ダウンスウィング」と呼ばれます。

いつごろから「ダウンスウィング」が大流行するようになったのでしょうか。私の記憶によ

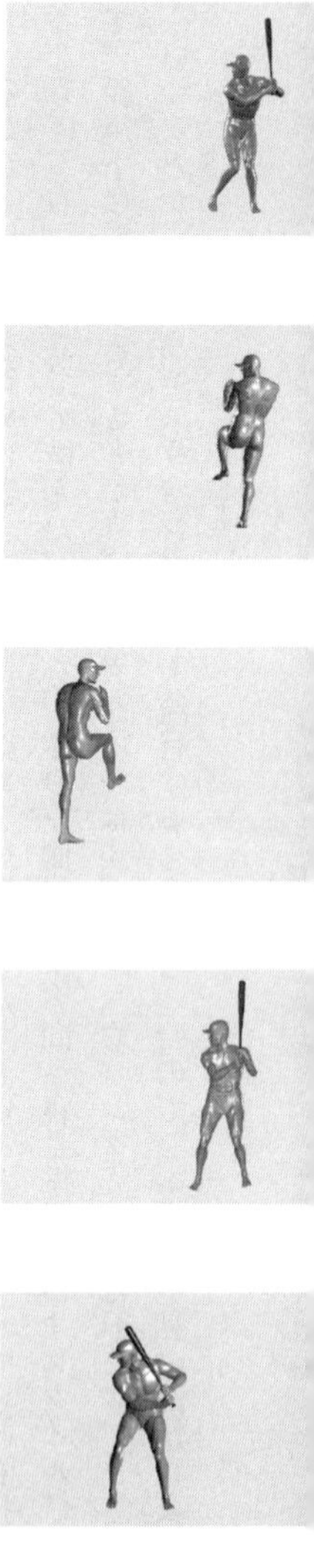

れば、もう三十年以上も前、ドジャースが来日したときに、日本に輸入されたように思います。ひょっとすると記憶違いかもしれませんので、正確なところをご存知の方があればご教示いただきたいところです。

ダウンスウィング

昔は「ダウンスウィング」を文字通り実行すると、大根切り打法といわれて、ボール軌道に水平に振るレベル打法あるいは水平打法に修正されたものです。そういえば、昔のバッターはバットを立てて構えるかわりに、肩にかつぐ選手もいましたね。実際問題として、素振りでやるように、打席で斜め下めがけて振ったのでは、ボールに当たるチャンスは激減してしまいます。実際の打席では、ダウンスウィングからスタートしてレベルスウィングに移行しているのです。ダウンからレベルへ移行する過程で、ちょうど前に述べた「最大外旋」状態に入るのです。そういってしまえば、なんだボンズ選手の場合と同じじゃないか、といわれそうですが、実は、このダウンの方法が違っているのです。

前の節の最初に、日本の選手の特徴は「ダウンスウィングから導かれるプッシュ型のバッティング」といいました。そうです。プッシュ型というところがキーなのです。素振りの特徴は、ほとんど体の回転を伴わないところにあります。体を回転させずに、鋭くバットを振るのです。このとき、下手をすると、グリップを振ってしまって、バットヘッドが回らないことが起こります。こうならないように、バットヘッドがグリップを追い越して鋭く回転するように、素振りの練習を繰り返すのです。

さて、素振りでは、体を回転させないのですから、バットは腕で振る以外にないわけです。腕で振って、しかも、バットヘッドがグリップを追い越すようにするには、どうすればいいのでしょうか。ここで登場するのが、前の章で説明した「プッシュ伸展」であります。

右打者として説明しましょう。右肩口に立てて構えたバットをダウンさせようとしますと、バットヘッドの重さからくる慣性のお陰で、バットは右へ傾いてしまいます。慣性の法則、「バットはすぐには動けない」です。この慣性のせいで、右肩が自然に下がり、右ひじは自然に右脇まで降りてきます。この状態がお馴染みの「最大外旋」の状態です。素振りをしているバッターの意識はダウンスウィングを続行中なわけですから、この「最大外旋」状態は、そうしようと思ってやったわけではなくて、ダウンしようと思ったらバットが重いので自然にそうなっ

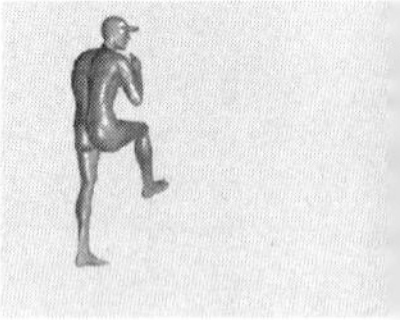

てしまったというところでしょうか。したがって、この状態は意識のなかにはなくて、あくまで、バットを左斜め下へ振り下ろす動作が続行されます。このとき、バットヘッドがグリップを追いこすためには、左手の空間位置をできるだけ動かないようにキープしながら、右手でプッシュすることが必要になります。左手をテコにして右手でプッシュする「プッシュ伸展」です。体を回転しない素振りでは、左肩が開かずに固定されるので、左手の空間位置をキープすることが楽なのです。

　実際には、グリップも左斜め下へ振られるのですが、左手を右手が追い越すように右手をプッシュすればグリップのコックが伸展して、バットヘッドがグリップを追い越すようになるわけです。たぶん、左手の感覚は、振るというよりも、左腕を外旋するといった感覚に近いでしょう。この外旋のためには、左脇をしっかり締めておくことが必要です。この左脇をしっかり締めてダウンスウィングすれば、左手の空間位置をキープしながら、左腕が外旋し、スウィングの後半で、左腕が返って左ひじが自然に畳まれる状態をつくりだすことができます。

このような動作が、ダウンスウィングを基本とする素振り練習のエッセンスであろうと考えられます。この動作の過程で、両腕は自然に一八〇度ほど内旋しますから、これに、上体の左回旋が伴えば、コリオリの力によるグリップコック伸展も使えるわけです。素振りでは体を回転させないといいましたが、これは、程度問題で、実際には、体も鋭く回転させているのです。ただ、実際の打席におけるほどには回転させないというだけです。

メジャーリーガーとくらべてみて、日本選手の特徴といえるのは、このように、左を止めて右で打つ、プッシュ打法なのです。元来、この打法もアメリカから輸入されたものでありますから、メジャーの打者たちももともとは同じように打っていたのでしょう。ただ、ピッチャーの球速が時速一五〇キロを軽々と超えるようになりますと、打者のほうも防衛上、バットの初期伸展速度を上げざるを得なくなり、プル打法への転換が行われたのではないかと思われます。これに対して、日本の場合は、圧倒的にレベルが高かった昔のメジャーリーガーたちの打法を、日本流に精緻に磨き上げていったのではないかと思います。日本の選手たちがメジャーで活躍する現在とは違って、長いあいだ、まあいうなれば鎖国状態にあったわけですから、アメリカと日本では、根っこは同じでも、発展の方向が違ったということでしょうか。

また、高校球児たちの猛練習もこの傾向に輪をかけたといえるでしょう。高校球界には厳然としたアマチュアリズムが存在します。プロの選手に指導を受けること自体がアマチュアリズ

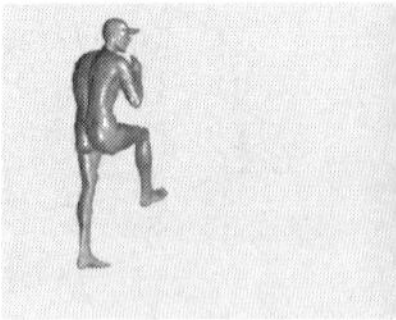

ムに反すると考えられているようです。また、シングルヒット、バント主体のフォア・ザ・チームスタイルが重要であると考えられているようです。松井選手のような豪快なバッティングはプロには似合っていてもアマチュアには似合わないという考えも根底にあるでしょう。これらの傾向は徐々に変わりつつはあるでしょうが、こうした高校球児たちが次の世代のプロ野球を背負って立つのですから、この状況が大きく変わらない限り、日本選手のバッティングスタイルも変わっていかないのではないでしょうか。私は、現在、宝塚造形芸術大学に奉職していますが、芸術の世界では、プロに習うのは当たり前、というより、必須であります。プロに習うことが必要なのです。これとくらべると、野球の世界は閉鎖的と言わざるを得ません。

左の壁

　日本のコーチの解説をみますと、「左の壁を作る」といった説明がよくでてきます。試合の解説でも、左の肩の開きが早くて壁ができないためにうまくスウィングできない云々といった説明をよく耳にします。そういえば、巨人軍の江藤智選手は、打席でときどき左肩を右手で内側へ引っ張っています。左肩を開かずにできるだけ我慢することを念頭におくために、そのような動作をやっているのでしょうか。「左の壁」は、左肩の開きだけには留まりません。踏み込んだ前足から前の腰もできるだけ開かないように我慢することがいいと解説されています。この「左の壁」の正体は一体なんなのでしょうか。

これは、どうやらプッシュ型バッティングスタイルと深い関わりがあるようです。とくに関係があるのは、「プッシュ伸展」です。何回も言いますように、「プッシュ伸展」は、左手をテコにして右手をプッシュすることで、バッティング初期の速いグリップコックの伸展をもたらします。このためには、当然、左手の空間位置をできるだけ固定する、ひいては、左肩が開かないようにしっかり空間的に固定することが必要になります。これは、バッティングの初期段階でいえることで、いつまでも左を空間的に固定したままでは、体の回転ができません。したがって、バッティング初期に左を開かずに右でプッシュしてコック伸展をスタートさせたあとでは、引き続く体の回転でスムーズにコリオリ力伸展に移行することが必然となります。

このバッティング初期段階での、右のプッシュに耐えられるように左をしっかり空間的に固定する動作を「左の壁」と表現するのではないでしょうか。この点は、メジャーリーガーたちのプル主体の左肩を積極的に開く、あるいは、左後ろに相撲の「打っちゃり」のように反らせ

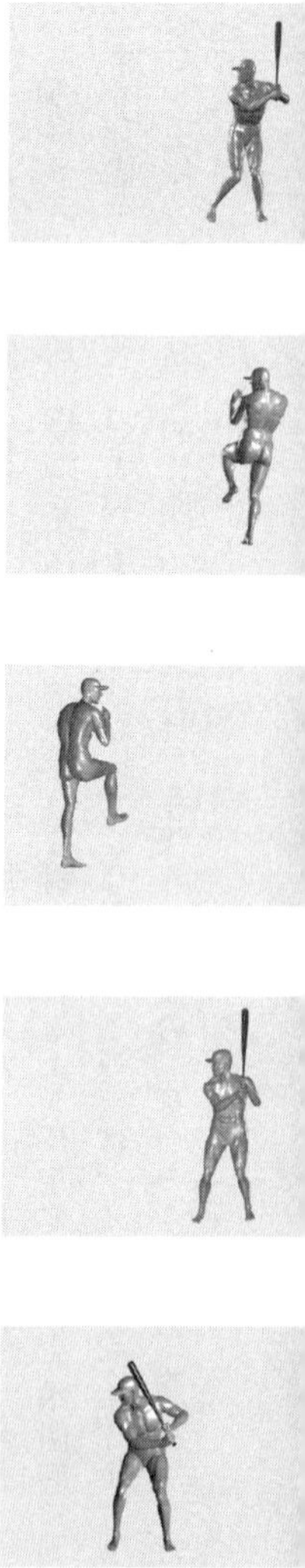

る動作とは根本的に異なっています。

前の項でいったように、バッティングスタイルは千差万別、選手の指向する方向で変わって当然ですから、どちらが良いとか悪いとかといった問題ではありません。どこがどう技術的に違うかといった点が重要なのであって、良し悪しの問題ではないのです。ただ、選手にどちらか一方を強制的に押し付けるのはどうもいただけないところです。この本では、日米比較論を展開していますので、どうしても、現在の大多数の選手たちのスタイルに共通する要素で比較してしまいますが、実際には、隠れたバッティングスタイルがあって、それがある選手には最適だということも、ありえます。そのような個性的なスタイルをつぶしてしまわないように、さまざまな技術的要素の可能性を見極めるようなコーチング、トレーニングの方法があるような気がします。

さて、それはさておき、プッシュ型スウィングを相撲の手にたとえてみましょう。プル型スウィングは「打っちゃり」に似てるといいましたが、プッシュ型スウィングはどうでしょうか。

松井とボンズの壁の有無の比較

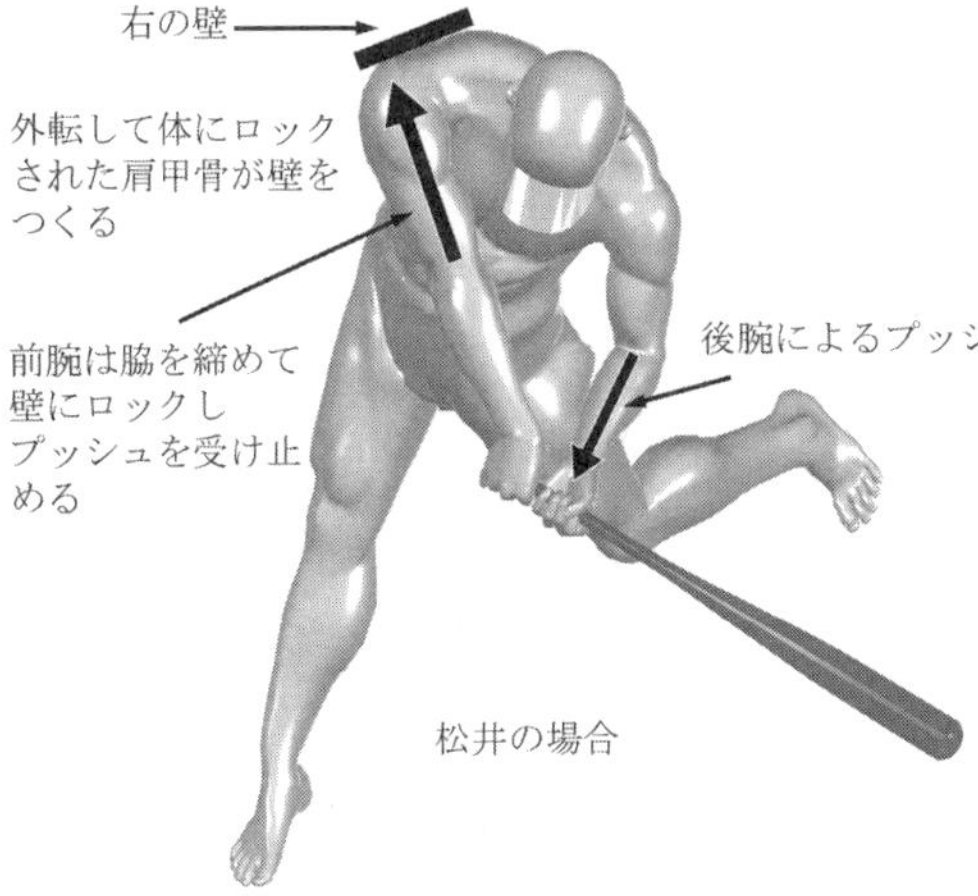
右の壁
外転して体にロックされた肩甲骨が壁をつくる
前腕は脇を締めて壁にロックしプッシュを受け止める
後腕によるプッシュ
松井の場合

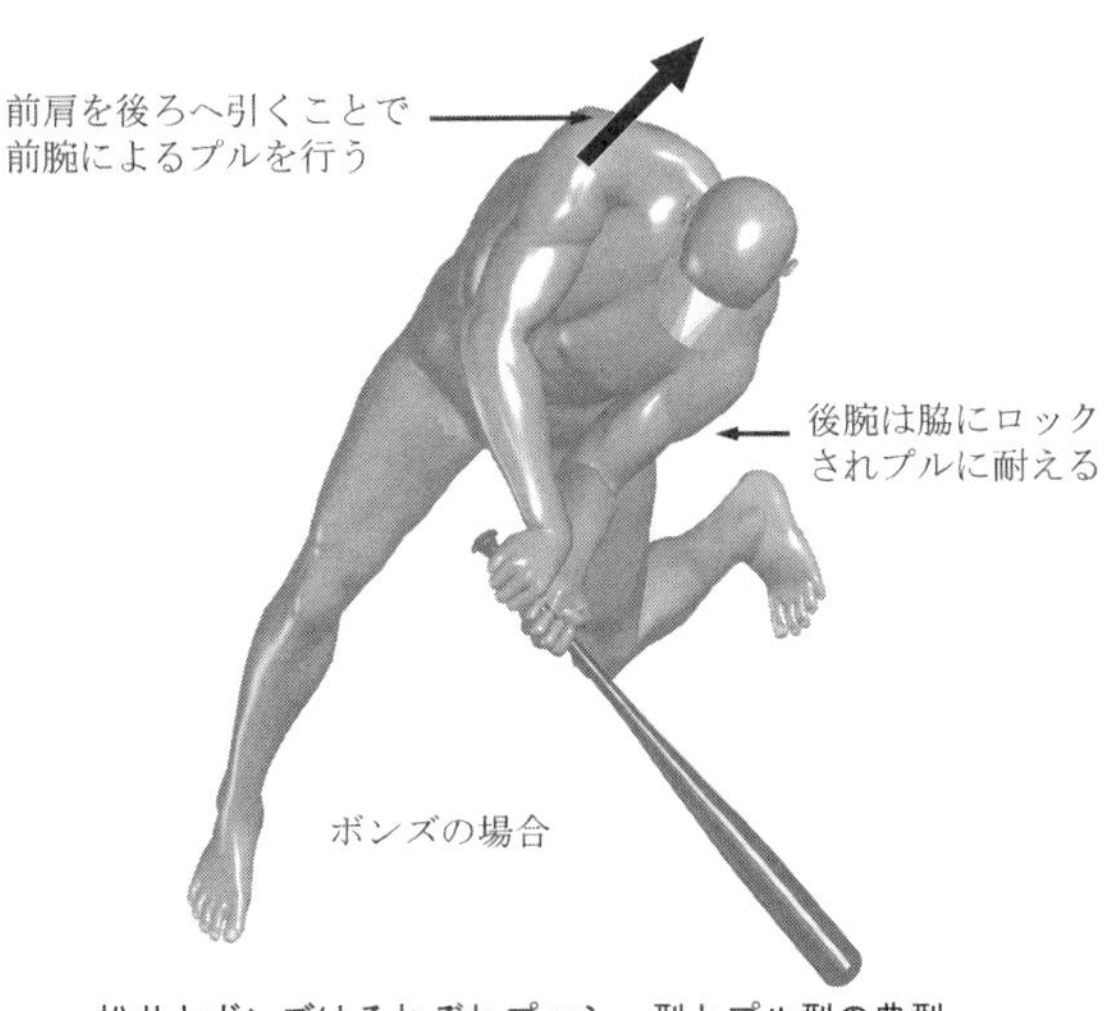
前肩を後ろへ引くことで前腕によるプルを行う
後腕は脇にロックされプルに耐える
ボンズの場合

松井とボンズはそれぞれプッシュ型とプル型の典型

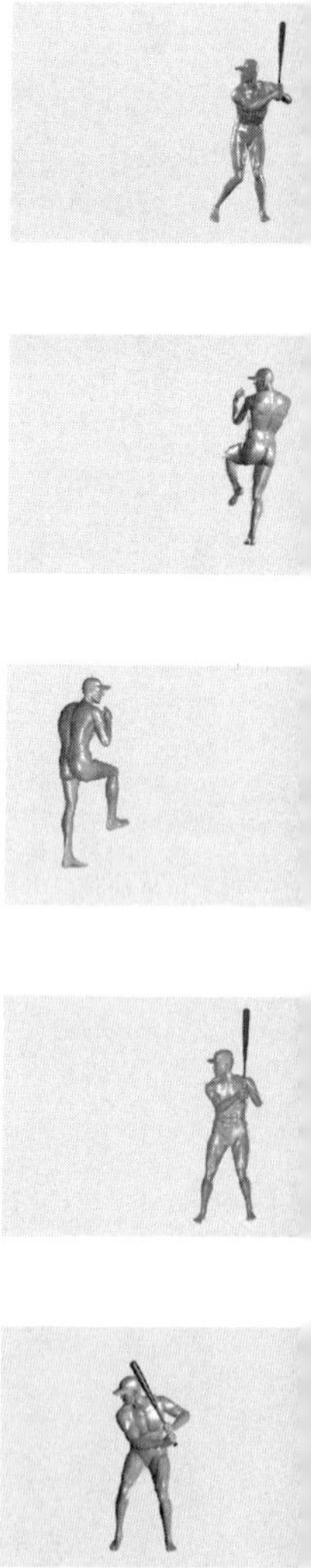

これは、じつは、「突き落とし」に似ているのです。

土俵際、相手が押し出してくるのを、左へやや体を開きながら右で突き落とす、このスタイルがプッシュ型スウィングによく似ています。突き落とすためには腰を回転させて、相手と体を入れ替えるような感覚が必要ですが、この動作もプッシュ型スウィングと似ています。「打っちゃり」では、相手をしっかり吊り上げるために腰はどちらかといえば、回転しないニュアンスが大きいのです。腰をあまり回転させずに、左肩を後ろへ反らせて左へ打っちゃるわけです。これに対して、「突き落とし」では、腰が回転しなくては相手の突進をもろに受け止めてしまいます。腰を回転して体を入れ替えながら、右から突き落とす、これが大事です。プッシュ型スウィングというか、日本の選手のバッティングスタイルを見ていますと、この相撲の「突き落とし」が念頭に浮かんできます。

剣豪の小説をよく書いていらっしゃる津本陽先生の作品で読んだ記憶がありますが、薩摩に示現《じげん》流という剣の流派があります。この示現流の特徴は、いかなる防御もまったく間に合わないくらい、可能なかぎり速く剣を振って、相手を一刀のもとに仕留めるところにあります。剣を右肩口にまっすぐ天を指すように立てて構え、前へ大きく左足を踏み込んで、右肩口から斜め左下へ切り下ろすのです。いわゆるダウンスウィングですね。このとき、剣尖ができる限り速く回転するように、左を止めて右でプッシュする「プッシュ伸展」が行われます。これを「左ひじ切断」というそうであります。これは、まったく、プッシュ型スウィングそのものであります。面白いです。

じつは、私たちが、スウィング理論の研究を行っていた過程で、この示現流を実際に見たくて、現在も鹿児島にいらっしゃる示現流の先生にお願いして見せていただいたことがあります。といっても、私自身は行けませんでしたので、研究グループの一人、現在、筑波大学助教授の松元巌先生が見学しました。松元先生いわく、正座して見ておりますと、木刀を引っさげて出ていらっしゃった先生が気合もろとも、一瞬のうちに型を演じられて、「こいでよかか」とおっしゃったそうであります。型を見極めるどころか、あっと思ったら終わっていて、ただ、有難うございましたというのが、精一杯のところであったそうです。というわけで、見学はうまくいきませんでした。しかし、プッシュ型スウィングというのは、意外に日本人にあっているのかもしれません。

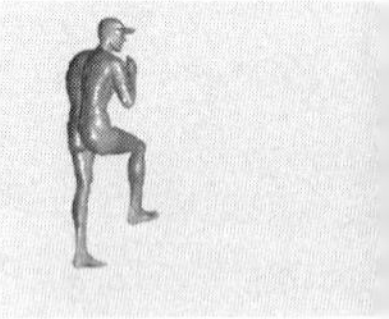

松井秀喜のバッティング

松井選手のバッティングフォームは、ただなんとなく見ていると、メジャーリーガーたちのスタイルに似ているように思えますし、そのような解説があることも事実です。しかし、詳しく分析してみますと、そうではないことがわかります。

松井選手も、基本的にプッシュ型スウィングなのです。なぜそうなのかということをボンズ選手と比較しながら調べていくことにしましょう。

松井選手の場合もスウィングを三つの期間に分けることができます。ただし、第一の期間の名前をボンズ選手の「ウェイトシフトしながら上下逆回転ひねり」から、「ウェイトシフトの期間」に変えなければなりません。というのは、松井選手の場合には、上下逆回転ひねりが第一の期間中に見られないからです。

松井選手の最初の構えは、バットをまっすぐ立てて、グリップは左胸のあたりにあります。両膝は軽く曲げられて、全体としてまっすぐに立っています。スタンスの幅はほぼ肩幅くらいです。顔は右肩越しにピッチャーへ向けられています。

この構えから前足、すなわち、右足を軽く上げることから、ウェイトシフトが開始されます。右足を上げるときに、体重は左股関節に乗りますが、この左股関節中心に、体をやや左回転させます。この左回転にともなって、グリップの位置は左肩の前あたりの、より高い位置に引き上げられます。また、左ひじも肩の高さあたりまで引き上げられ、そのために、バットヘッドは、体の右斜め前方向に、わずかに前傾します。また、右肩は、顎の下あたりに入ってきます。ここで、ボンズ選手との違いは、松井選手の場合は、上体全体を左回転させていて、したがって、ウェスト部分のひねりを作り出す動きが見られない点にあります。

左足が上げられると同時に、ピッチャー側へのウェイトシフトも開始されています。このウェイトシフトの初期の時点では、ことさらに頭を後ろに残そうとする動きは見られません。上体全体がピッチャー側へ移動を開始するのです。この動きはなんと「ショルダーファースト」の動きです。ボンズ選手が「ヒップファースト」でウェイトシフトを開始したのに対して、松井選手は、「ショルダーファースト」でウェイトシフトを開始するのです。上下逆回転ひねりを作り出す必要がなければ、この「ショルダーファースト」型のウェイトシフトの方が素直な動きとなります。

ウェイトシフトは、上げられた右足を、ピッチャー側へ踏み出すことによって、リードされ

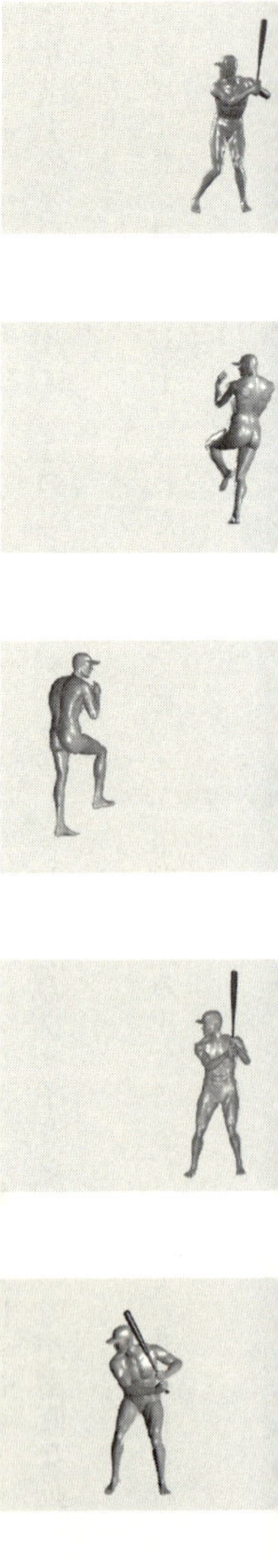

ています。この右足が着地するまでが、第一の期間となります。右足を上げるときに左回転していた上体は、この右足踏み出しにともなって、右回転に移行します。したがって、第一の期間で、左股関節はまず内旋し、次に外旋に移行することになり、この股関節の上に乗っている上体全体がまず左回転し、次に右回転に移行することになります。最初の左回転は続く右回転のための準備動作であったわけです。ただ、第一の期間中の右回転の量はごくわずかで、右足が着地したときに、お腹のあたりがピッチャーからやや見える程度です。

　この第一の期間の役割は、ウェイトシフトだけではありません。第一の期間でウェイトシフトを開始する時点は、ほぼピッチャーがボールをリリースする時点と一致しています。これは、ボンズ選手の場合と同じです。で、この第一の期間に、ボールの球速を測り、ボール軌道を予測して、タイミングをとるのです。この間、片足で立っていますから、姿勢をボールに合わせてダイナミックに制御するのがスムーズにいきそうです。この姿勢制御のための情報が必要ですが、その情報は目から入ってきます。ここでは、第一章で述べた動体視力が最重要となるでしょう。

右足からの着地

さて、右足着地から最大外旋までが、第二の「最大外旋移行の期間」です。この第二の期間の最初で、グリップは左肩口の高い位置にあって、左ひじも肩あたりの高さに引き上げられているのはさきほど述べた通りです。この姿勢はダウンスウィングの最初のダウンに備えているのです。

右足着地と同時に、この右足がウェイトシフトをしっかり受け止めます。と同時に、頭の位置が静止状態に入ります。ここから、頭の空間位置は、見事に静止し、このあとボールヒッティングまで動かないのです。この点もボンズ選手の場合とは違っています。ボンズ選手の場合は、頭の位置が、最初からほとんど動かないのに対して、松井選手の場合は、第一の期間では、頭は上体とともに移動し、第二の期間のスタート時点で静止状態に入るのです。

着地した右足がウェイトをしっかり受け止めることで、大地からの反力を利用できます。この反力を利用して、ダウンに入るのです。右足でしっかり体を受け止めながら、グリップをボールめがけて振り下ろします。意識としては、グリップを振るのではなく、バット全体をボールにぶつけるような感覚なのでしょう。ただ、バットの慣性があって、バットヘッドは急には

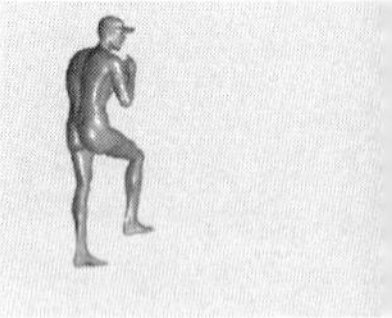

動けませんから、バットヘッドの出が自然に遅れて、見た目にはグリップが振られるようにみえるのです。

右足着地の反力は、上体の右回転のスピードアップにも役立ちます。右足着地とともに、ウエイトは、左股関節から右股関節の上へ移動します。これは、ウェイトシフトを右足で受け止めることから必然的に生じます。そして、右足着地の瞬間には、ヒップはすでにやや右回転していますから、右足から右股関節に伝わる反力は、体の中心軸からやや右にはずれたところを押すことになります。この力は、テコの力として、体を中心軸まわりに右回転させるように働くわけです。それと同時に、左足の蹴りも働いて、この蹴りによる力は、左股関節を押し、これは、やはり体を中心軸まわりに右回転させるように作用します。この二つの力は、ボンズ選手の場合に言った偶力です。

くだくだと述べましたが、要は、踏み込んだ右足からの反力を利用して、ダウンスウィングを開始し、シャープな右回転を開始するのです。このダウンの動作は、バットの慣性とあいまって、左肩甲骨の下方回旋および外転をもたらし、左ひじの左脇あたりまでの下降を導きます。この結果、バットは地面に水平に近い位置へ移動し、最大外旋の姿勢に移行するのです。これとともに、上体全体は右回転をしつつありますから、最大外旋位置では、体はやや開き気味で、グリップはボールを狙っています。

この第二の期間の最後の姿勢はちょっと見た目には、ボンズ選手のそれと見分けがつきにくいのです。しかし、プッシュ型とプル型の差異は、よくよく観察すれば見えてきます。

プッシュ型では、右の壁(松井選手は左打者なので右左が前の説明とは逆になることに注意してください)が必要です。これを作るのは、右肩、右腕です。「プッシュ伸展」では、左手のプッシュに対して、右腕がテコとして、その力を受け止めなければなりませんから、右腕を空間的に体に対して固定することが必要です。これは、右肩甲骨が外転していて、平たく言えば、右肩が体の前へ出ていて、右腕はしっかり右脇に引きつけられ、いわゆる、右脇を締めた形ですね、右ひじが伸びた姿勢にあらわれています。

このような右肩、右腕の姿勢が、左手のプッシュ力をテコとして受け止めるのに役立っているのです。実際にこの右側の姿勢をつくってみて「プッシュ伸展」のエクササイズをためしてみてください。この姿勢が「プッシュ伸展」に効果的であることが実感できると思います。

上体全体は右回転のせいで、ピッチャー側に開き気味ですが、右肩から右腕全体は体に対し

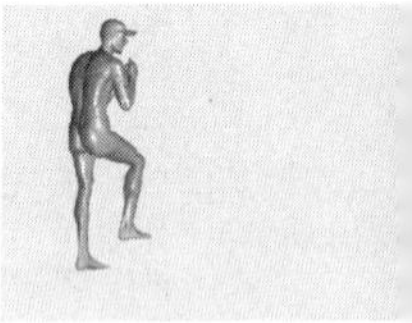

て閉じています。これが「右の壁」です。この壁が、このあとに続く左手のプッシュを受け止めるのです。右肩を前へ出して、右脇を締め、右ひじを伸ばす、この形のポイントで、脇を締めひじを伸ばすところが、ボンズ選手とは異なっています。ボンズ選手のような「プル伸展」の場合は、脇はやや開き気味でひじは軽く曲がっています。こうでなければプルできにくいのです。実際にためしてみればわかります。

さて、最大外旋位置につきました。いよいよ、最後のバットを一気に振る、「ヒッティングの期間」に入ります。

ウェストのひねりとヒップのひねり

上体はここから一気に鋭く右回転する必要があります。ボンズ選手の場合は、ウェスト部分のひねり戻しがこの回転の主役でした。松井選手ではどうでしょうか。

松井選手の場合、ウェスト部分の大きなひねりはありません。したがって、この右回転はヒ

松井とボンズの回転の比較

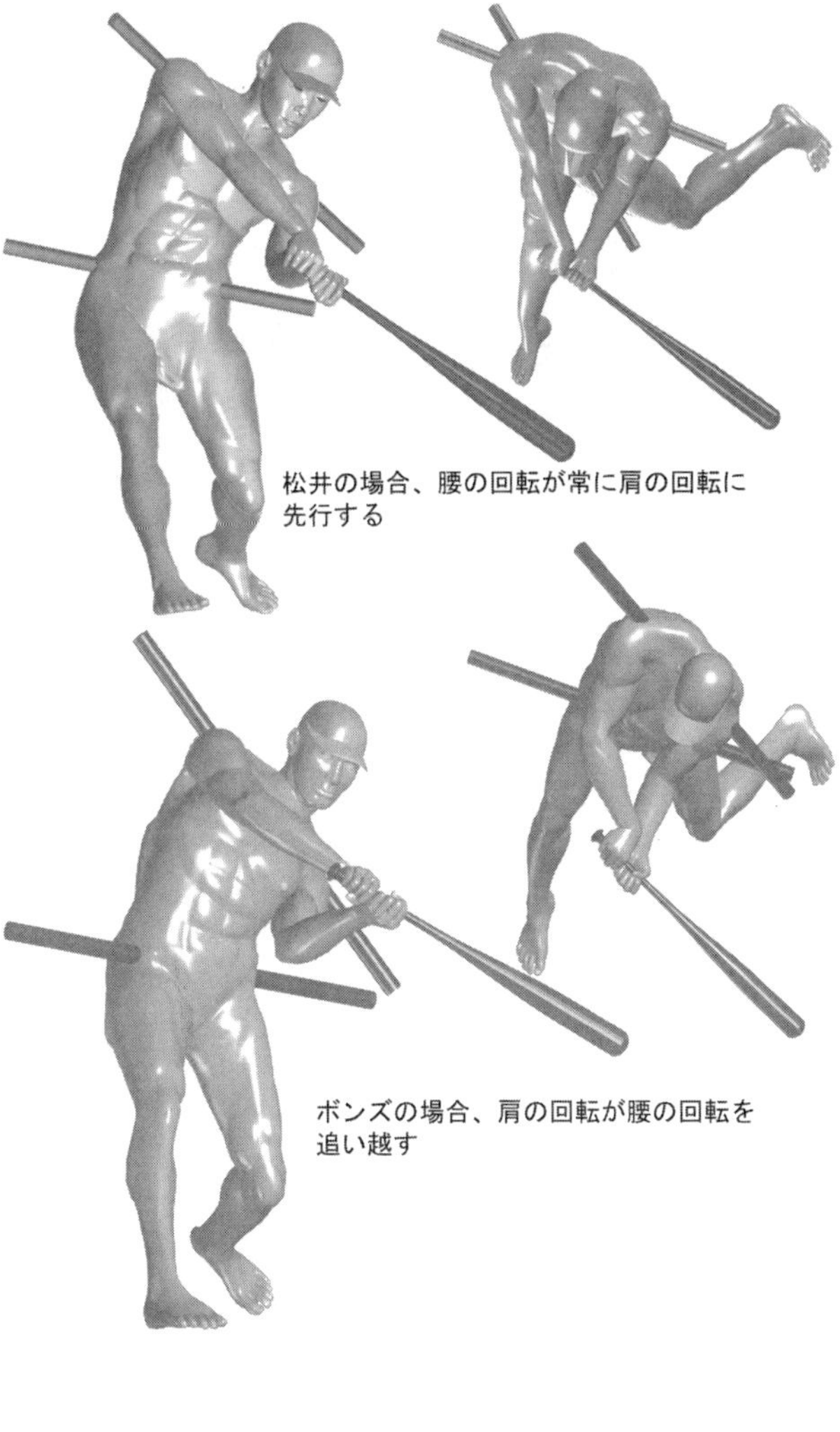
松井の場合、腰の回転が常に肩の回転に先行する
ボンズの場合、肩の回転が腰の回転を追い越す

ップの回転によって引き起こされる必要があります。この期間の始めで、右膝は曲げられています。この右膝を一気に踏ん張って伸ばし、さらに左足を蹴ることで、骨盤回転のための大きな偶力を生み出し、ヒップを一気に右回転させるのです。ボンズ選手の場合は、このヒップの回転をブレーキングすることがひねり戻しのために必要でした。松井選手の場合、このようなブレーキングは必要ありません。最後まで一気に回転してしまえばいいのです。この違いは、スウィングの終了近くの両選手の姿勢を比較してみれば一目瞭然であります。松井選手は、ヒップの右回転が肩の回転に常に先行していますが、ボンズ選手の場合は、ヒップの右回転は途中で停止し、肩の回転がそれを追い越すようになっています。

　この最後の期間の初期の時点では、グリップのコック伸展は右手をテコに左手をプッシュすることで行われます。左手のプッシュは左肩甲骨の外転、すなわち、左肩を前に出しながら、左ひじを伸ばすことで行われます。これに対して、右側は、「右の壁」を作ってこの左のプッシュを受け止めることになります。この結果、両肩が前に出た形、ちょうど胸をすぼめたような

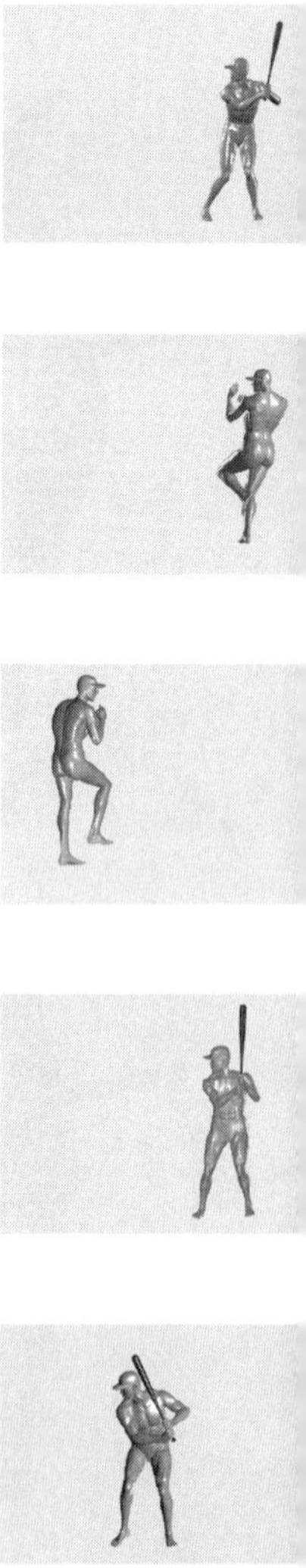

形が作られます。どちらも胸の前の筋肉群、たとえば大胸筋などが働くことになります。この点もボンズ選手の場合と違います。ボンズ選手の場合は、広背筋のような背中側の筋肉群が主として働いていています。これがプルとプッシュの差です。

このヒッティングの期間で、左ひじは伸びていきますが、右はしっかり壁を作り続けていますから、左手が右手を追い越して、いわゆる、両手を返した状態が自然に形成されていきます。バットヘッドは一気にグリップを追い越して、もの凄いヘッドスピードを生み出すのです。これに寄与するのがコリオリの力です。上体はヒップの回転に引きずられて右回転し、これが第一の回旋を生み出し、両腕が最大外旋位置から最後の両手が返された位置に移行する過程で、第二の回旋が生み出されます。この二つの直交する回旋が同時に起こることでコリオリの力が生み出されるのです。

この最後の期間では、最初の時期には「プッシュ伸展」によってグリップコックの伸展が開始され、それはスムーズにコリオリの力によるコック伸展に移行していきます。このようにして、バットヘッドは常に加速され、あのホームランを生み出すのです。

さて、この二つのバッティングスタイル、どちらがいいでしょうか。これは難しい問題です。「プル伸展」のほうが瞬間的なバットヘッドの加速には適しているように思えます。逆にタイミングをとるのは難しいかもしれません。ボンズ選手が阪神タイガースの川尻哲郎投手にきりき

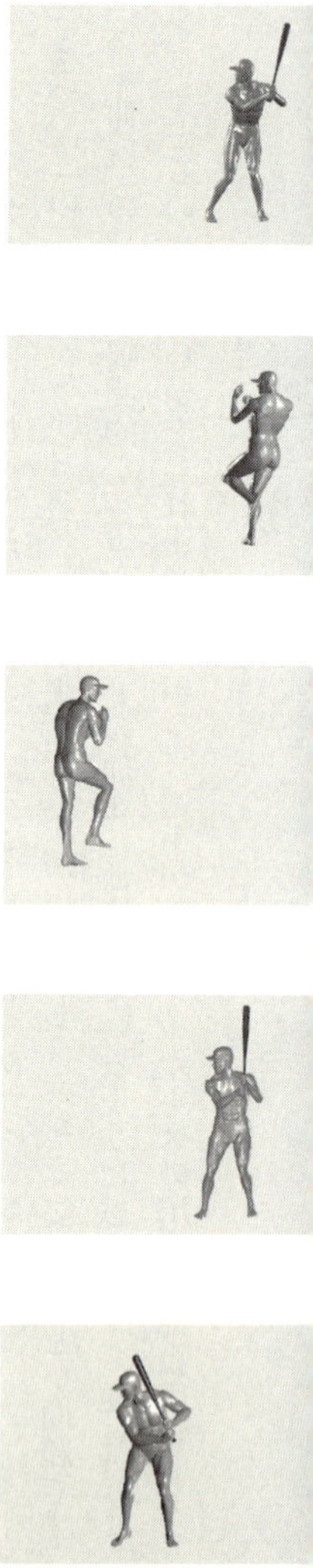

り舞いの三振を喫したシーンを覚えておられるでしょうか。「プッシュ伸展」は、バットコントロールに適しているように思えます。内野ゴロからシングルヒット、ホームランと、打球の方向も含めて、打ち分けるには、プッシュ型の方がいいように思うのは私だけでしょうか。バットを左で引っ張って、しかもバットを自在にコントロールするのはちょっと難しいです。テニスでも、バックハンドでラケットコントロールを自在に行うのは難しいと思います。でも、もの凄い場外ホームランをかっ飛ぶすにはプル型がいいでしょう。前にもいったように、バッティングにはさまざまなスタイルがありえます。どのスタイルがいいということはなくて、個々の選手が自分の体格、運動能力に合わせて選ぶ問題なのでしょう。

章末コラム④ ゼロポジションと連合反応

肩関節とは、上腕骨と肩甲骨をつなぐ関節です。上腕骨を「内旋」するために、肩甲骨の内側と上腕骨の上部胸側を結んでいる内旋筋があります。また、「外旋」するために、肩甲骨外側と上腕骨の上部背中側を結ぶ外旋筋があります。

これらの回旋筋群は、腕をだらんと下げた状態では、ちょうど、竹とんぼを両手ではさんで回すように働いて、上腕の内旋、外旋を引き起こします。しかし、腕を横に上げたらどうなるでしょうか。このときには、これらの筋肉群の収縮する方向が、上腕骨の長さ方向、すなわち、軸方向を向いてしまいます。この状態では、これらの筋肉群が収縮しても、その効果は、上腕骨を関節に引き付けるだけになってしまいます。したがって、内旋や外旋が起こらなくなってしまうのです。このような肩甲骨と上腕骨の位置関係を「ゼロポジション」と呼んでいます。

いま、腕を横に上げるといいましたが、正確にはちょっと違っています。実際には、これらの回旋筋群は肩甲骨から上腕骨上部へ、やや上向きになっているので、腕は真横よりやや上向きに上げなければゼロポジションには入れません。また、肩甲骨全体も、やや外転しているので、この分を加味すれば、腕は真横よりやや前方へ上げる必要があります。

というわけで、実際のゼロポジションは、腕を、やや前方でやや斜め上に上げた位置あたりにあります。

ゼロポジションは自分で位置を探すことができます。腕をだらんと下げた状態だと、その腕を内旋、外旋させて、ひじをまわすことができます。でも、腕を今言った位置に上げますと、ひじを回そうと思っても回らなくなります。逆に、腕を上げてみて、ひじが回らなくなるような位置を探せば、そこがゼロポジションということになります。実際にやってみましょう。

人間の体は左右対称にできています。これは、体内部の骨格や筋肉についても同様です。脊柱の左右の同じ位置に、同じ形の同じ機能をもった骨や筋肉が存在します。これは、筋肉群を刺激して収縮させる運動神経系についても、同じことがいえるのです。

中枢神経系は、大脳、脳幹と小脳、および脊髄ですが、これらは上から順につながっていて、体を動かす指令は大脳に発して脳幹を通り脊髄へ伝えられます。脊髄は、脊柱の中を通る細長い神経系ですが、この脊髄からは各椎骨の間を通って運動神経がでています。

このような対称性が人間の体の動きに影響を与えないはずがありません。一番単純に考えれば、左右対

イチロー

松坂大輔

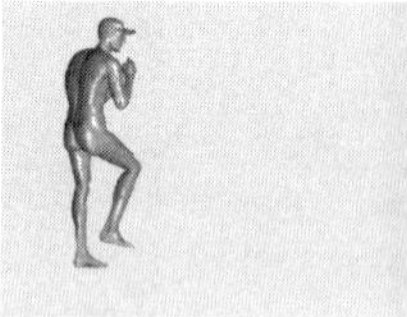
ジョンソン

松井秀喜

ボンズ

称の動きは思い切り簡単にできるはずでしょう。実際、その通りなのです。たとえば、こんな実験をしてみることができます。

右手を体の前へ伸ばして、人差し指で、たとえば、数字の3を空中に描きます。そして、左手も右手と平行になるように前へ伸ばして、数字の3を裏返しにした形を、右手の動きに合わせて、空中に描いてみてください。この動作はほんとに簡単にできますね。数字はちょうど鏡に映ったように対称な形です。右腕を上へ突き上げてガッツポーズをするとき、左腕はごく自然に左脇に引き付けられて腕は曲がっています。右を伸ばせば左は曲がる、これも対称的な動きです。対称というより、反対称というべきでしょうか。

このように、人間の両手、両足の動きはたがいに対称的、反対称的になりやすいのです。このような両手、両足の連動した動きを「連合反応」といいます。連合反応は最近ではあまり使われなくなった生理学用語ですが、スポーツにとっては、非常に便利な考え方なのです。腕とか足の意図的な動きでもって、他の腕とか足の自然な動きを誘発させる、といった場合に有効な考え方なのです。

あとがき

　この本の内容は、㈶イメージ情報科学研究所の大村研究グループでの、ほぼ八年間にわたる研究成果をもとに、私のアイデアを付け加えて出来上がったものです。この研究グループは非常にオープンな性格のもので、スポーツ技能に関心のある研究者ならば自由に参加でき、議論できる場を提供するものでした。この八年間、じつにさまざまな分野の研究者の参加を得て、非常に楽しい思いをいたしました。

　なかでも、最後の五年間を主任研究員として、グループの中心的役割を果たした松下電器の望月義幸さんは、なんと、野球のピッチング、バッティング理論で博士論文を書き、見事に工学博士号を授与されました。野球で博士というのは本当に珍しいことです。

　また、異色のメンバーとして、手塚一志さんがいます。手塚さんは大阪体育大から筑波大大学院、東大大学院でスポーツ科学を専攻された、れっきとした若手研究者ですが、プロ野球チームのコンディショニングコーチを歴任して現場で研究成果の実践につとめるとともに、現在では、野球を目指す若い人たちの啓蒙活動もやってのけるといった、将来の日本野球を背負って立つ人材のひとりです。手塚さんの名前は、ベストセラーともなった『ピッチングの正体』

『バッティングの正体』（ベースボール・マガジン社）でご存知のかたもいらっしゃるでしょう。

これらの方々のサポートがなければ、根が怠け者の私が本を書くなどとは考えられないことでありました。みなさんに心から感謝いたします。

この本で使われている図は、ほとんどがCGで作られています。また、ユニークな試みとして右ページに五人の選手のフォームをCGによるパラパラ・アニメーションで再現しました。これらのCGは、大阪にあるデジタル工房「イメージファクトリー」のメンバーによって制作されました。イメージファクトリーは、宝塚造形芸術大学の私の教え子たちが六人集まって、映画製作を未来の夢として、今年、法人として船出した工房です。メンバーの平均年齢は二三歳です。夢を追いかける若い人たちというのは、本当にいいもんですね。私も彼らと一緒に仕事をすると、年を忘れて、一気に若返ります。

メンバーのなかでも、とくに、大竹宏さん、清水大輔さんのお二人には、徹夜の作業の連続でCG製作をやっていただきました。ここであらためて感謝したいと思います。

アニメートとは生命を吹き込むという意味です。スポーツの動きの研究を思い立った動機の一つに、本当に生命感の溢れるアニメーションを作りたいというのがありました。パラパラ・アニメを見ていただければ、その成果のほどを、ある程度納得していただけるかと思います。

このようにしてアニメーションの基礎を積み上げていった若い人たちが、これからつくるアニメ映画は、きっと生命感に溢れた素晴らしいものになるでしょう。
この本の企画は、プロデューサーの高木伸浩さんがたてたものです。ちょうど、二〇〇〇年秋の日米野球を日本中の野球ファンが注目していたときでありました。メジャーリーガーたちのパワーとスピードの正体ってなんだろうという素朴な疑問に答える本が書けないかということでした。そこで、無謀(?)にも、それに挑戦した結果がこの本です。実際には、春に出版の予定だったのですが、日米野球の比較を真面目に考えれば考えるほど問題山積で、結局数ヵ月遅れになってしまいました。この半年間、高木伸浩さん、講談社現代新書出版部の上田哲之さんのお二人には迷惑のかけっぱなしで、赤面のいたりです。わがまま放題の私に、怒ることなく優しくお付き合いくださいました。お二人がいなければこの本はありませんでした。ほんとうにこころから有難うと申し上げます。

大村皓一

二〇〇一年六月二〇日

〔なお、パラパラ・アニメは、二〇〇一年一二月三一日まで、講談社のホームページで動画として見ることができます。アドレスは左記の通りです〕
http://www.bookclub.kodansha.co.jp/topics/wadai/w_baseball/

講談社現代新書　1555

メジャーリーグvs.日本野球《にほんやきゅう》――スウィング理論《りろん》の冒険《ぼうけん》

二〇〇一年七月二〇日第一刷発行

著者――大村皓一《おおむらこういち》

発行者――野間佐和子　発行所――株式会社講談社

東京都文京区音羽二丁目一二―二一　郵便番号一一二―八〇〇一

電話（出版部）〇三―五三九五―三五二一　（販売部）〇三―五三九五―三六二六　（業務部）〇三―五三九五―三六一五

装幀者――杉浦康平＋佐藤篤司

印刷所――凸版印刷株式会社　製本所――株式会社大進堂

（定価はカバーに表示してあります）　Printed in Japan

N.D.C.783　226p　18cm

ISBN4-06-149555-0　（現新）

「講談社現代新書」の刊行にあたって

教養は万人が身をもって養い創造すべきものであって、一部の専門家の占有物として、ただ一方的に人々の手もとに配布され伝達されうるものではありません。

しかし、不幸にしてわが国の現状では、教養の重要な養いとなるべき書物は、ほとんど講壇からの天下りや単なる解説に終始し、知識技術を真剣に希求する青少年・学生・一般民衆の根本的な疑問や興味は、けっして十分に答えられ、解きほぐされ、手引きされることがありません。万人の内奥から発した真正の教養への芽ばえが、こうして放置され、むなしく滅びさる運命にゆだねられているのです。

このことは、中・高校だけで教育をおわる人々の成長をはばんでいるだけでなく、大学に進んだり、インテリと目されたりする人々の精神力の健康さえもむしばみ、わが国の文化の実質をまことに脆弱なものにしています。単なる博識以上の根強い思索力・判断力、および確かな技術にささえられた教養を必要とする日本の将来にとって、これは真剣に憂慮されなければならない事態であるといわなければなりません。

わたしたちの「講談社現代新書」は、この事態の克服を意図して計画されたものです。これによってわたしたちは、講壇からの天下りでもなく、単なる解説書でもない、もっぱら万人の魂に生ずる初発的かつ根本的な問題をとらえ、掘り起こし、手引きし、しかも最新の知識への展望を万人に確立させる書物を、新しく世の中に送り出したいと念願しています。

わたしたちは、創業以来民衆を対象とする啓蒙の仕事に専心してきた講談社にとって、これこそもっともふさわしい課題であり、伝統ある出版社としての義務でもあると考えているのです。

一九六四年四月　**野間省一**

哲学・思想

66 哲学のすすめ——岩崎武雄
148 新・哲学入門——山崎正一 市川浩
159 弁証法はどういう科学か——三浦つとむ
168 実存主義入門——茅野良男
176 ヨーロッパの個人主義——西尾幹二
285 正しく考えるために——岩崎武雄
501 ニーチェとの対話——西尾幹二
871 言葉と無意識——丸山圭三郎
898 はじめての構造主義——橋爪大三郎
916 哲学入門一歩前——廣松渉
977 哲学の歴史——新田義弘
989 ミシェル・フーコー——内田隆三
1001 今こそマルクスを読み返す——廣松渉
1002 言葉・狂気・エロス——丸山圭三郎
1007 日本の風景・西欧の景観——オギュスタン・ベルク 篠田勝英訳
1088 ヨーロッパ「近代」の終焉——山本雅男
1123 はじめてのインド哲学——立川武蔵
1210 イスラームとは何か——小杉泰
1247 メタファー思考——瀬戸賢一
1248 20世紀言語学入門——加賀野井秀一

1286 哲学の謎——野矢茂樹
1293 「時間」を哲学する——中島義道
1301 〈子ども〉のための哲学——永井均
1315 じぶん・この不思議な存在——鷲田清一
1325 デカルト=哲学のすすめ——小泉義之
1357 新しいヘーゲル——長谷川宏
1358 「教養」とは何か——阿部謹也
1380 小説・倫理学講義——笹澤豊
1383 カントの人間学——中島義道
1400 われわれはどんな時代を生きているか——蓮實重彦 山内昌之
1401 これがニーチェだ——永井均
1406 哲学の最前線——冨田恭彦
1420 無限論の教室——野矢茂樹
1458 シュタイナー入門——西平直
1466 ゲーデルの哲学——高橋昌一郎
1504 ドゥルーズの哲学——小泉義之
1525 考える脳・考えない脳——信原幸弘
1542 自由はどこまで可能か——森村進
1544 倫理という力——前田英樹

★

13 論語——貝塚茂樹
207 「無」の思想——森三樹三郎

756 「論語」を読む——加地伸行
761 「三国志」の知恵——狩野直禎
846 老荘を読む——蜂屋邦夫
997 空と無我——定方晟
1056 「気」の不思議——池上正治
1126 「気」で観る人体——池上正治
1139 酒池肉林——井波律子
1163 「孫子」を読む——浅野裕一
1303 輪廻転生を考える——渡辺恒夫
1382 新しい福沢諭吉——坂本多加雄
1430 韓国は一個の哲学である——小倉紀藏
1534 天皇と日本の近代(上)——八木公生
1535 天皇と日本の近代(下)——八木公生
1536 韓国人のしくみ——小倉紀藏

★

225 現代哲学事典——山崎正一 市川浩編
921 現代思想を読む事典——今村仁司編

自然科学・技術

芸術

1287 写真美術館へようこそ―飯沢耕太郎
1371 天才になる！―荒木経惟
1404 踏みはずす美術史―森村泰昌
1532 迷宮学入門―和泉雅人
★
51 クラシック音楽のすすめ―大町陽一郎
291 バロック音楽―皆川達夫
851 ビートルズ―きたやまおさむ
863 はじめてのジャズ―内藤遊人
874 はじめてのクラシック―黒田恭一
967 はじめてのオペラ―堀内修
993 名演奏のクラシック―宇野功芳
1025 J・S・バッハ―礒山雅
1029 ジャズの名演・名盤―後藤雅洋
1081 交響曲の名曲・名盤―宇野功芳
1320 新版・クラシックの名曲・名盤―宇野功芳
1422 演劇入門―平田オリザ
1490 マイルス・デイヴィス―中山康樹
1506 バレエの魔力―鈴木晶
1538 ベートーヴェン〈不滅の恋人〉の謎を解く―青木やよひ
★
1008 私の紅衛兵時代―陳凱歌 刈間文俊訳
1428 ブラック・ムービー―井上一馬
★
1039 悪魔の話―池内紀

ホビー

752 海外ひとり旅―本城靖久
1347 イタリア・都市の歩き方―田中千世子
1361 ハプスブルク帝国を旅する―加賀美雅弘
1395 バリ島―永渕康之
★
656 写真を撮る―竹村嘉夫
676 酒の話―小泉武夫
937 カレーライスと日本人―森枝卓士
1052 ベースボールと野球道―R・ホワイティング 玉木正之
1207 博物館の楽しみ方―千地万造
1364 はじめての一眼レフ―大西みつぐ
1381 スポーツ名勝負物語―二宮清純
1405 ぼくらの昆虫記―盛口満
1421 アジア菜食紀行―森枝卓士
1429 利き酒入門―重金敦之
1437 世界人名ものがたり―梅田修
1441 フランスワインの12ヵ月―大谷浩己
1454 スポーツとは何か―玉木正之
1460 投球論―川口和久
1497 パソコンが野球を変える！―片山宗臣
1498 小さな農園主の日記―玉村豊男
1510 最強のプロ野球論―二宮清純
1520 日本の遊園地―橋爪紳也
1539 ゴールキーパー論―増島みどり
★
706 ジョークとトリック―織田正吉

日本語

372 日本語のこころ——渡部昇一
786 大阪弁おもしろ草子—田辺聖子
868 敬語を使いこなす——野元菊雄
1074 故事成語——合山究
1200 外国語としての日本語—佐々木瑞枝
1399 日本語のレッスン——竹内敏晴
1449 平成・新語×流行語小辞典——稲垣吉彦
1450 敬語はこわくない——井上史雄
1459 日本語の復権——加賀野井秀一

★

1193 漢字の字源——阿辻哲次

★

873 日本語をみがく小辞典〈名詞篇〉—森田良行
919 日本語をみがく小辞典〈動詞篇〉—森田良行
969 日本語をみがく小辞典〈形容詞・副詞篇〉—森田良行
1042 日本語誤用・慣用小辞典——国広哲弥
1250 日本語誤用・慣用小辞典〈続〉——国広哲弥